Jana Hofius

Wie Pferde geflüchtete Kinder bei der Traumabewältigung unterstützen können

Der Einfluss des therapeutischen Reitens auf die Psyche

Bibliografische Information der Deutschen Nationalbibliothek:

Die Deutsche Nationalbibliothek verzeichnet diese Publikation in der Deutschen Nationalbibliografie; detaillierte bibliografische Daten sind im Internet über http://dnb.d-nb.de abrufbar.

Impressum:

Copyright © Science Factory 2020

Ein Imprint der GRIN Publishing GmbH, München

Druck und Bindung: Books on Demand GmbH, Norderstedt, Germany

Covergestaltung: GRIN Publishing GmbH

Inhaltsverzeichnis

Abbildungsverzeichnis

„Reiten ist das Zwiegespräch zweier Körper und

zweier Seelen, das dahin zielt

den Einklang zwischen ihnen herzustellen."

(Waldemar Seunig)

1 Einleitung

Schon immer hatte der Mensch[1] eine besondere Beziehung zu Tieren. Fanden diese früher ihren Einsatz als Nutz- oder Lastentiere, so bereichern sie auch heute noch das Leben der Menschen in hohem, so vielfältigem Maße. Seit vielen Jahren werden Tiere bewusst vermehrt im therapeutischen Kontext oder auch ganz alltäglichen Situationen eingesetzt. Die Anwesenheit oder der Umgang mit ihnen kann positive Veränderungen auf das körperliche, geistige und seelische Befinden eines Menschen hervorrufen (vgl. Förster 2005, S. 13).

In den vergangenen Jahren etablierte sich der Einsatz von Pferden auch in der Psychotherapie (vgl. Förster 2005, S. 37). In der vorliegenden Bachelorarbeit soll nun der Frage nachgegangen werden, inwieweit therapeutisches Reiten seine Einsetzbarkeit bei geflüchteten minderjährigen Kindern, mit wahrscheinlich traumatisierenden Erlebnissen, finden kann.

Schwere Belastungen, vor allem diese, die in der frühen Kindheit durchlebt werden, führen bei fast allen Menschen zu Belastungsreaktionen, die sich hinsichtlich ihres Erscheinungsbildes gänzlich unterscheiden können (vgl. Izat & Kirsch 2013, S. 241). Besonders Kinder, die auf der Flucht oder im Krieg unterschiedlichste Erfahrungen und Erlebnisse gemacht haben, sind oft nachhaltig in ihrer Entwicklung beeinträchtigt. Oft tragen sie seelische Wunden davon, leiden unter Angstzuständen, Schlafstörungen, sowie Depressionen oder haben ein gestörtes Selbstbild (vgl. Uno-Flüchtlingshilfe 2018). Diese einschneidenden Erfahrungen und Erlebnisse können zu einem Trauma führen und wenn dieses nicht behandelt wird, das weitere Leben der Kinder durch Traumafolgestörungen maßgeblich beeinflussen. Eine Auseinandersetzung und Bewältigung eines traumatischen Erlebnisses ist daher unumgänglich (vgl. Huber 2003, S. 18).

Der Einsatz von Tieren, speziell von Pferden, kann Kindern in Übergangs- und Verlustsituationen helfen. „Oft können traumatisierte Menschen erst durch ein Tier wieder Nähe, Intimität und Körperkontakt zulassen, da der Umgang mit Tieren authentischer und weniger bedrohlich ist, als mit Menschen." (Förster 2005, S. 51).

In dieser Arbeit werden die durch therapeutisches Reiten ausgelösten, beobachteten Stimmungen bzw. Gefühlszustände von geflüchteten (und dadurch wahr-

---

[1] Aus Gründen der erleichterten Lesbarkeit dieser Arbeit wird auf die gleichzeitige Nutzung weiblicher und männlicher Sprachformen verzichtet. Die Personenbezeichnungen gelten gleichermaßen für beide Geschlechter.

scheinlich traumatisierten) Kindern wiedergegeben und eingeordnet. Hierfür werden von mir durchgeführte Reiteinheiten mit geflüchteten minderjährigen Kindern und einem Therapiepferd dargestellt. Schon im vergangenen Jahr entstand im Rahmen meines Berufsfeldpraktikums der Eindruck, dass Reiten auf diese geflüchteten Kinder eine Wirkung erzeugt und sie positiv beeinflusst. Aus diesen gewonnenen Erfahrungen entstand mein Interesse an dieser Fragestellung, welcher ich im Rahmen dieser Arbeit versuche nachzugehen. An dieser Stelle ist es wichtig zu erwähnen, dass ich selbst keine ausgebildete Trainerin oder Therapeutin bin. Ich vergleiche lediglich die von mir wahrgenommenen Effekte und Ergebnisse mit der bestehenden Literatur. Die Erkenntnisse aus der Literatur können diese Fragestellung nicht eindeutig lösen, weshalb es in dieser Arbeit lediglich als Versuch aufgeführt werden kann.

Im ersten Kapitel der vorliegenden Bachelorarbeit erfolgt ein thematischer Einstieg in den Bereich des therapeutischen Reitens. Hierfür wird zunächst der Terminus des *therapeutischen Reitens* definiert. Anschließend werden die verschiedenen Fachbereiche dargestellt, um abschließend Effekte und Wirkungsweisen dieser zu beschreiben. Daraufhin folgt im zweiten Kapitel eine kurze Einführung in die Thematik des Traumas, deren mögliche Auswirkungen und Folgen und zuletzt auch auf deren Bewältigung. Das darauffolgende Kapitel befasst sich mit der Thematik geflüchteter Menschen, bzw. Kindern in Deutschland. Hierfür wird ein Einblick der aktuellen Lage von Geflüchteten in Deutschland gegeben, um weitergehend noch kurz auf traumatische Erfahrungen von Geflüchteten einzugehen. Es folgt die Falldarstellung der Fluchtgeschichte der beiden Kinder, die an den Reitstunden teilgenommen haben, sowie die daraus resultierenden Beobachtungen. Um nun die Beobachtungen in einen wissenschaftlichen Kontext einbetten zu können, beschäftigt sich das darauffolgende Kapitel mit Emotionen von Sportlern. Anschließend wird eine qualitative Inhaltsanalyse durchgeführt um danach die Emotionen in ein Schema einordnen zu können. Im abschließendem Fazit dieser Bachelorarbeit werden die Ergebnisse und gesammelten Erkenntnisse noch einmal zusammengefasst und es wird ein Ausblick auf die weitere Auseinandersetzung mit dieser Thematik gegeben.

2 Therapeutisches Reiten

Der Einsatz des Pferdes für Bewegungstherapien geht in der Geschichte weit bis in das 16. Jahrhundert zurück. Allerdings standen zu dieser Zeit weniger die therapeutischen Möglichkeiten des Reitens im Vordergrund, sondern vielmehr die gesundheitsfördernden und gesundheitserhaltenden Aspekte des Reitens. Dem therapeutischen Reiten wird seit Mitte des 20. Jahrhunderts eine hohe Bedeutung und positive Wirksamkeit zugesprochen (vgl. Gäng 2009, S. 12).

Auch aktuell ist die positive Wirkungsweise des Reitens hochgeschätzt. Psychosoziale Probleme und Störungen können durch den Einsatz von therapeutischem Reiten verbessert und gelindert werden (vgl. Kube, Deutsches Kuratorium für therapeutisches Reiten[2]).

> „Der Umgang mit Tieren kann offenbar sowohl innerhalb intensiver persönlicher Beziehungen zwischen Menschen und ihren Heimtieren, aber auch innerhalb kurzfristiger Kontakte in zielgerichteten tiergestützten Interventionen verschiedene Wirkpotenziale entfalten" (Wesenberg 2015, S. 85).

Es zeigt sich, dass Tiere - und in diesem Fall das Pferd – bestimmte Wirkungen auf den Menschen (speziell auf die Psyche) haben können. Dieses Phänomen gilt es in dieser Arbeit zu untersuchen.

In diesem Kapitel sollen Inhalte und Wirkungsweisen zum Bereich pferdegestützter Therapie thematisiert und vertieft werden. Zunächst werden die für dieses Kapitel relevanten Begrifflichkeiten in einer definitorischen Annäherung eingeführt, um zu verdeutlichen, was unter pferdegestützter Therapie zu verstehen ist. Ferner sollen die unterschiedlichen Fachbereiche des therapeutischen Reitens unterschieden und kategorisiert werden, um die Breite der möglichen Therapiemaßnahmen aufzuzeigen. Des Weiteren wird das Therapiesetting im Hinblick auf die Charakteristika eines ausgebildeten Therapiepferdes und des Reittherapeuten betrachtet, um anschließend kurz eine klassische Therapieeinheit darzustellen. Abschließend sollen in diesem Kapitel die Wirkungsweisen des therapeutischen Reitens in seinen verschiedenen Teilbereichen dargestellt und charakterisiert werden.

---

[2]   Offizielle Abkürzung DKThR

2.1 Definitorische Annäherung an den Terminus *therapeutisches Reiten*

Therapeutisches Reiten, bzw. die pferdegestützte Therapie ist eine Form der tierge-stützten Therapie, die sich zum Ziel gesetzt hat, Verbesserungen im Bereich physi-scher, verhaltensbezogener, kognitiver und sozial-emotionaler Funktionen bei den Patienten zu erreichen (vgl. Kube, DKThR). „Sie ist eine ganzheitliche Therapie, mit der alle Bereiche der menschlichen Wahrnehmung und des menschlichen Empfin-dens angesprochen werden" (Brandenberger 2009, S. 84). Die positive Wirkung des Reitens für Körper, Geist und Seele wird bei dieser Form von Therapie für die Linderung und Verbesserung psychosozialer Probleme und Störungen genutzt. Ih-ren Einsatz findet die Reittherapie, bzw. das therapeutische Reiten bei bestimmten psychiatrischen und psychosomatischen Krankheiten, sowie bei psychischen Se-kundärproblemen, welche mit körperlichen Erkrankungen einhergehen können. Ebenso kommt ihr Nutzen auch in Übergangs- und Verlustsituationen zu tragen, wie es auch in dieser Arbeit zu untersuchen gilt. Bei der Reittherapie hat der Er-werb reiterlicher Grundkenntnisse eine eher untergeordnete Bedeutung (vgl. Kube, DKThR).

Der Begriff *therapeutisches Reiten* stellt einen Überbegriff für vier unterschiedliche Fachbereiche pferdegestützter Interventionen dar. Sowohl die *Hippotherapie* als auch die *ergotherapeutische Behandlung mit dem Pferd* sind auf die medizinischen und physischen Bereiche der Förderung ausgelegt. Die *heilpädagogische Förderung mit dem Pferd* ist auf die Förderung psychologischer und pädagogischer, aber auch motorischer Bereiche spezialisiert. Der Fachbereich *Reiten als Sport für Menschen mit Behinderung* beschäftigt sich mit rehabilitativen und (leistungs-)sportlichen Aspekten (vgl.Kube, DKThR).

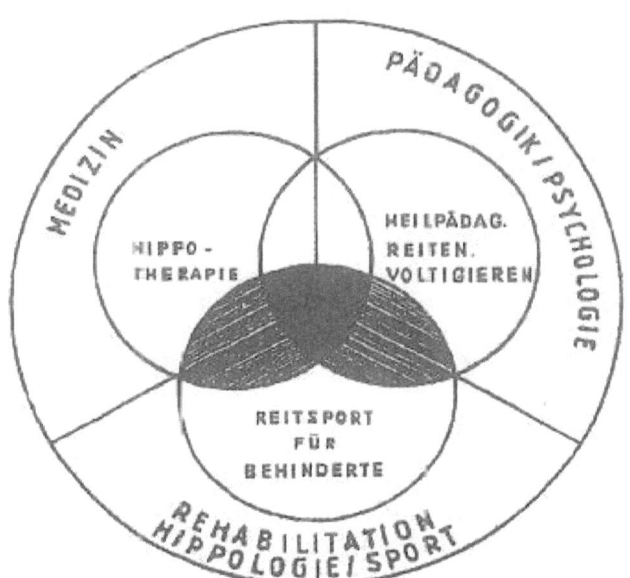

Abbildung 1: Dreiteilung des therapeutischen Reitens (Vogel, 1987)

Anhand der dargestellten Abbildung lässt sich erkennen, dass die Teilbereiche des therapeutischen Reitens nicht strikt voneinander zu trennen sind. Vielmehr überlagern sie sich gegenseitig und sind interdependent zueinander. Dies meint, dass die Teilbereiche – Medizin, Pädagogik/ Psychologie/ Motorik, sowie Rehabilitation/ Sport – sich gegenseitig beeinflussen und als eine Einheit fungieren (vgl. Vogel 1987, S. 27).

2.2 Fachbereiche des therapeutischen Reitens

Sowohl im Gesundheitswesen, in der Psychologie, als auch in der Pädagogik und im Sport lassen sich Indikationen für das therapeutische Reiten finden (vgl. Strauß 2008, S. 14). Wie bereits angeschnitten, umfasst der Oberbegriff *therapeutisches Reiten* vier verschiedene Fachbereiche. Für diese Arbeit von besonderer Bedeutung ist der Fachbereich *heilpädagogische Förderung mit dem Pferd*, dem in diesem Teil der Arbeit ein besonderer Stellenwert zuteil wird. Die weiteren Fachbereiche *Hippotherapie, ergotherapeutische Behandlung mit dem Pferd*, sowie *Reiten als Sport für Menschen mit Behinderungen* sollen im Folgenden ebenfalls einzeln kurz beschrieben werden, denn auch sie haben ebenfalls einen positiven Effekt bei der Behandlung von traumatischen Erlebnissen.

2.2.1 Heilpädagogische Förderung mit dem Pferd

Die *heilpädagogische Förderung mit dem Pferd* umfasst sowohl das Voltigieren, als auch das Reiten mit dem Partner Pferd. Die ganzheitliche und individuelle Förderung des Klienten steht bei diesem Teilbereich des therapeutischen Reitens im Vordergrund. Beim heilpädagogischen Voltigieren auf dem Pferd sollen die Klienten dazu angeleitet werden, in den verschiedenen Grundgangarten des Pferdes – Schritt, Trab und Galopp – unterschiedliche Übungen durchzuführen (vgl. Strauß 2008, S. 17). Beim heilpädagogischen Reiten hingegen nimmt der Klient selbst Einfluss auf das Pferd. Durch das „Zügel in die Hand nehmen" werden die Klienten selbstständig und unabhängig. Ebenso impliziert der Kontakt mit dem Partner Pferd das Erlernen sozialer Verhaltensmuster (vgl. Förster 2005, S. 87). In ihren Arbeitsweisen und Grundlagen beruft sich die heilpädagogische Förderung mit dem Pferd auf die Heilpädagogik und Pädagogik, sowie auf die Psychologie.

Die Schwerpunkte und Ziele der heilpädagogischen Förderung bilden sowohl die geistige und soziale Entwicklung, als auch die Verbindung zwischen tiergestützter und bewegungsorientierter Förderung. Zudem bildet sie die Basis, um durch Selbsterfahrungsprozesse Veränderungen im Verhalten der Klienten zu schaffen. Neben diesen Zielen können differenzierte Verzögerungen in der Entwicklung, als auch Störungen in motorischen, emotional-sozialen und kognitiven Bereichen individuell therapiert werden. Dabei kann die individuelle Förderung in Einzel- oder auch Gruppentherapien stattfinden. Ebenso können integrative Reitgruppen zur Förderung der oben genannten Aspekte und Ziele beitragen (vgl. DKThR (2)).

Die heilpädagogische Förderung mit dem Pferd eignet sich für all jene Menschen ohne reiterliche Vorerfahrungen, die Unterstützung, Förderung und Stabilisierung bei Lernbehinderungen, Entwicklungsverzögerungen in unterschiedlichen Bereichen, Verhaltensbesonderheiten oder motorische Schwierigkeiten haben. Auch bei Schwierigkeiten im Sozial- und Beziehungsverhalten, sowie psychischen Störungen kann die heilpädagogische Förderung unterstützend, fördernd und stabilisierend wirken. Allerdings ist bei der Durchführung der heilpädagogischen Förderung mit dem Pferd bei psychischen Störungen wie traumatischen Belastungen die Zusammenarbeit mit Ärzten und Psychotherapeuten unumgänglich (vgl. DKThR (2)).

2.2.2 Hippotherapie

Der Fachbereich *Hippotherapie* lässt sich unter einem „rein medizinischen Einsatz des Pferdes im Sinne einer Ergänzung der Physiotherapie auf neurophysiologischer Grundlage" (DKThR (3)) erfassen. Der Begriff *Hippotherapie* leitet sich aus dem Griechischen her, wobei *hippos* die Übersetzung für das „Pferd" und *therapeuein* die Übersetzung für „behandeln" ist. Demnach kann die Hippotherapie als Behandlung mit, bzw. auf dem Pferd übersetzt und verstanden werden. Die Hippotherapie findet ihren Einsatz bei Kindern, Jugendlichen und Erwachsenen mit neurologischen Bewegungseinschränkungen wie z.B. Schädigungen des zentralen Nervensystems und des Stütz- und Bewegungsapparates. Hierbei wird der Patient allein durch das Pferd bewegt. Es wird ausschließlich in der Gangart Schritt gearbeitet, wobei das Pferd durch das ihm verwandte Bewegungsmuster zum Menschen die Bewegungen des Klienten zur Verbesserung der Funktionen stimuliert (vgl. Strauß 2008, S. 30).

Durchgeführt werden darf die Hippotherapie von ausgebildeten Ärzten, Physiotherapeuten und Ergotherapeuten, welche die berufliche Weiterbildung zum Hippotherapeuten absolviert haben. Nicht nur die menschlichen Therapeuten müssen eine Zusatzausbildung absolviert haben, um in der Hippotherapie ihren Einsatz zu finden. Ebenso muss auch das Pferd – der tierische Therapeut –, welches in der Therapie eingesetzt wird, eine spezielle Ausbildung und gewisse Grundlagen, sowie den höchsten Sicherheitsfaktor mit sich bringen, um fester Bestandteil der Therapie zu werden (vgl. DkThR (3)).

Wie bereits erwähnt, baut die Hippotherapie auf physiotherapeutischen Maßnahmen auf. Allerdings steht hierbei nicht wie bei einer klassischen Physiotherapie allein die Förderung, welche sich auf den physischen Organismus des Menschen bezieht im Vordergrund. Vielmehr werden die emotionale und soziale Entwicklung, wie auch andere Teilbereiche der menschlichen Psyche angesprochen. Neben diesen Wirkungsweisen wird auch durch die Wahrnehmung des Körpers des Pferdes das motorische Lernen und Handeln der Klienten gefördert (vgl. Strauß 2008, S. 31). Ein ganzheitliches Ziel der Hippotherapie ist in jedem Fall „die Gesundheit des Menschen positiv zu beeinflussen" (Debuse 2015, S. 22). Durch die oben aufgezählten Funktionen der Hippotherapie kann sie in Abhängigkeit mit dem Physiotherapeuten und dem Therapiepferd zur Verbesserung der Lebensqualität des Klienten beitragen.

2.2.3 Ergotherapeutische Behandlung mit dem Pferd

Um die ergotherapeutische Behandlung mit dem Pferd näher zu betrachten, ist es zunächst wichtig, den Begriff der Ergotherapie zu definieren. Nach dem Deutschen Verband der Ergotherapie befasst sich der Therapiebereich Ergotherapie mit der Durchführung von „konkreten Tätigkeiten sowie deren Konsequenzen auf den Menschen und dessen Umwelt" (DVE 2007). Sie hat sich zum Ziel gesetzt, Menschen in jedem Alter, welche Einschränkungen in ihrer Handlungsfähigkeit erfahren haben oder vor dieser stehen, zu unterstützen. Zudem soll durch Ergotherapie die Lebensqualität der Klienten verbessert werden (vgl. DKThR (1)).

Die Begrifflichkeit *ergotherapeutische Behandlung mit dem Pferd* umfasst Behandlungen, die sich „auf der Grundlage des sensomotorisch-perzeptiven, motorisch-funktionellen und psychisch-funktionellen Ansatzes unter Einbeziehung des Mediums Pferd" (DKThR (1)) verstehen. Die Schwerpunkte der ergotherapeutischen Behandlung mit dem Pferd liegen in den Bereichen der Wahrnehmung, des Verhaltens, der Sensorik sowie der Motorik. Da das Pferd die Möglichkeit schafft, durch seinen „Bewegungsdialog" und dem „Beziehungsangebot", welches aus dem Pferd, dem Klienten und dem Therapeuten besteht die nötige Unterstützung zu bieten, lassen sich die vielfältigen Handlungsgebiete der ergotherapeutischen Maßnahme mit dem Pferd begründen (vgl. DKThR (1)).

2.2.4 Reitsport für Menschen mit Behinderungen

Wie der Name des vierten Teilbereichs des therapeutischen Reitens beinhaltet, befasst sich der *Reitsport für Menschen mit Behinderungen* mit Menschen, welche eine körperliche oder geistige Behinderung oder eine Sinnesbeschädigung haben. Der Reitsport in seinen unterschiedlichen Facetten – Fahren, Voltigieren, Reiten – bietet ihnen hier ein gemeinsames Übungsfeld und schafft so die Brücke zwischen behinderten und nicht behinderten Menschen im Reitsport. Beim *Reitsport für Menschen mit Behinderungen* steht nicht die Therapie als solche im Vordergrund, sondern der Reitsport als Breiten- und Leistungssport. Im Sinne des Breitensports wird das

Pferd zum Sportpartner und gibt Menschen mit Behinderungen die Möglichkeit, soziale Beziehungen zu knüpfen. Ebenso findet der Reitsport seinen Einsatz, um der oftmals auftretenden „behinderungsbedingten Bewegungseinschränkung entgegen zu wirken" (DKThR (4)).

Im Leistungsbereich des Reitsports gibt es auch für Menschen mit Behinderungen die Möglichkeit, sich an Wettkämpfen, wie z.B. den Paralympics zu beteiligen und zu beweisen. Damit eröffnet der Reitsport Menschen mit Behinderungen eine weitere Perspektive zur sportlichen Betätigung vom breiten- bis in den leistungssportlichen Bereich (vgl. DKThR (4)).

Wichtig ist auch – wie in den anderen Teildisziplinen des therapeutischen Reitens – das speziell ausgebildete Pferd, das auch für schwerbehinderte Menschen zugänglich ist. Ebenso spielt auch die Rolle des speziell ausgebildeten Trainers eine erhebliche Rolle im Pferdesport.

Es zeigt sich, dass die unterschiedlichen Fachbereiche des therapeutischen Reitens ihre bestimmten spezifischen Aufgabenbereiche haben und im Sinne der Ganzheitlichkeit für den Menschen mit seinen unterschiedlichen Bedürfnissen fungieren. Besonders der Bereich der *heilpädagogischen Förderung mit dem Pferd* mit den verschiedenen Schwerpunkten und Zielen kann für die Zielgruppe geflüchteter Kinder mit traumatischen Erfahrungen Unterstützung leisten. Aber auch die anderen dargestellten Fachbereiche finden ihre Berechtigung in ihrer Einsetzbarkeit und es wird deutlich, dass jeder Fachbereich einen bestimmten Bereich des Menschen anspricht. Die Wirkungen und Effekte, die dabei zum Vorschein kommen, werden im Verlauf dieser Arbeit in einem gesonderten Kapitel beschrieben und ausgewertet.

2.3 Rahmenbedingungen des therapeutischen Reitens

Nachfolgend werden in diesem Teil der Arbeit die Rahmenbedingungen einer Reittherapie, bzw. das Therapiesetting betrachtet. Das Therapiesetting besteht zum einen aus der wesentlichen Rolle des Therapiepferdes und zum anderen aus der Rolle des Therapeuten. Zusammen mit dem Klienten bilden sie ein Beziehungsdreieck. Ferner soll in diesem Teil der Arbeit die Durchführung einer Therapieeinheit betrachtet werden. Aufgrund der für diese Arbeit relevanten Therapieform der *heilpädagogischen Förderung mit dem Pferd*, wird diese beispielhaft an einer durchgeführten Therapiestunde aufgezeigt.

2.3.1 Die Rolle des Therapiepferdes

Dem Pferd wird in der tiergestützten Therapie, bzw. in der heilpädagogischen Förderung, die in dieser Arbeit den größten Stellenwert einnimmt, eine wichtige Rolle – wenngleich sogar die wichtigste Rolle – zugeteilt. Besonders im Therapiesetting des therapeutischen Reitens wird ihm eine tragende Funktion zugewiesen. In der heilpädagogischen Förderung übernimmt es die Rolle des „geeigneten Identifikationsobjektes" (Brandenberger 2016, S. 85) und dient als „lebendiger Interaktionspartner" (Hediger & Zink 2017, S. 10).

Kinder haben eine „natürliche Zuneigung" (Brandenberger 2016, S. 84) gegenüber Tieren und sind darauf bedacht, von ihnen wahrgenommen und gemocht zu werden. Sie treten freiwillig zu ihnen in Kontakt, suchen diesen gezielt und wollen ihnen auch physisch nahe sein. Dabei kommunizieren Kinder und Tiere miteinander allein durch Körpersprache und dem Niveau ihrer Beziehung. Da sich auch Tiere untereinander hauptsächlich mittels Körpersprache verständigen, entstehen zwischen Kind und Tier wenig Missverständnisse und Komplikationen. Aufgrund dieser Gegebenheiten können Voraussetzungen für eine angstfreie Beziehungsbasis zwischen Kind und Tier geschaffen werden (vgl. Brandenberger 2016, S. 85).

Nun stellt sich die Frage, warum speziell dem Pferd die besondere Rolle in der heilpädagogischen Therapie zugesprochen wird. „Der Kontakt zum Pferd stellt keine komplizierte, zwischenmenschlich ähnliche Beziehung dar" (ebd.). Es handelt in kausalen Zusammenhängen, wie es dies auch unter Artgenossen tut. Dies ist besonders für Kinder leicht zu verstehen und zu akzeptieren. Außerdem fungiert das Pferd als „verlässlicher Partner" (ebd.), der in der Kommunikation keinen Blickkontakt abverlangt. Durch seine Rolle als Reittier besitzt es einen motivierenden, auffordernden Charakter. Ebenso lädt es „durch sein freundliches Wesen, sein weiches Fell und seine Körperwärme dazu ein, es zu berühren, zu streicheln und sich von ihm tragen zu lassen" (Ettrich & Ettrich 2007, S. 215). Nach diesen Auffassungen ergibt sich zwischen Kind und Pferd ein „unvergleichlicher Bewegungsdialog, welcher viele Möglichkeiten zur Weiterbildung bietet" (vgl. Förster 2005, S. 46).

Einsetzbar für die heilpädagogische Förderung mit dem Pferd sind Pferde aller Rassen und Größen. Allerdings sollte die Größe des Pferdes zu den Proportionen des Klienten passen, um die positiven Effekte des therapeutischen Reitens zu nutzen (vgl. DKThR 2018, S. 7). Es ist vorteilhaft „aus verschiedenen Pferden das jeweils richtige für den Klienten aussuchen können" (Brandenberger 2016, S. 86), um die individuellen Bedürfnisse eines jeden abdecken zu können. Für die Entwicklung und Stabilisierung einer Beziehung zwischen Klient und Therapiepferd ist es von Vorteil, immer dasselbe Pferd in der Therapie einzusetzen. Hierbei fungiert das Pferd als „Co-Therapeut" (ebd.).

Grundvoraussetzung für die Einsetzbarkeit eines Pferdes im therapeutischen Reiten ist zunächst dessen Ausbildung und seine artgerechte Haltung. Ohne die abgeschlossene Grundausbildung des Pferdes, darf es nicht als Therapiepferd amtieren Neben der entsprechenden Grundausbildung, ist auch die Leistungsbereitschaft des Pferdes von Bedeutung. Es sollte ein hohes Maß an Gehorsam besitzen, um die Sicherheit der Klienten gewährleisten zu können. Das Therapiepferd sollte sowohl physisch, als auch psychisch gesund sein. Neben einem ausgeglichenen, ruhigen Charakter ist es wichtig, dass es körperliche Nähe von Menschen, sowie laute Geräuschkulissen ertragen kann (vgl. Brandenberger 2016, S.85). Ferner sollte das Therapiepferd ein ausgeglichenes Temperament und ein dem Menschen zugewandtes Wesen besitzen (vgl. DKThR 2018, S. 8).

„Mit Anerkennung des Menschen als Leit- „Tier" stellt das Pferd sein einzigartiges Wesen und seine große Kraft in den Dienst des Menschen" (Strauß, DKThR (3)). Viele Klienten sind durch physische oder psychische Beeinträchtigungen in ihrer Bewegung oder ihrer Selbstwirksamkeitsüberzeugung eingeschränkt. Pferde vermitteln und geben ihnen Kraft und Stärke und lassen sich dadurch optimal als Interaktionspartner in die heilpädagogische Förderung integrieren (vgl. Förster, S. 63). Auch in der Literatur lassen sich Theorien zur Wirkungsweisen zwischen der Mensch-Tier-Beziehung bezüglich physischer und psychischer Gesundheit des Menschen finden. Mit der „Biophilie-Hypothese", welche von der Affinität des Menschen zu allem Lebenden ausgeht, lässt sich die Einsetzbarkeit des Pferdes im therapeutischen Kontext begründen. Der Mensch hat demnach das Bedürfnis, sich mit der Natur auseinanderzusetzen und sich nicht-menschlichen Lebewesen anzunähern (vgl. Breitenbach et al. 2015, S. 105). Ebenso wird in einigen Arbeiten zur Tier-

Mensch-Beziehung von einer hohen Affinität zwischen Menschen – vor allem Kindern – und Tieren ausgegangen, was die Arbeit mit Pferden im therapeutischen Kontext manifestiert.

Hinsichtlich einer pferdegestützten Therapie nach einem traumatischen Erlebnis, kann das Pferd die Motivation des Klienten für die Therapie erhöhen und positiv beeinflussen (vgl. Hediger & Zink 2017, S. 8). Mit traumatischen Erlebnissen können oft Vertrauensbrüche einhergehen. Oftmals fällt es diesen Klienten dann schwer das Therapeuten-Klienten-Verhältnis zu akzeptieren und sich dem Therapeuten zu öffnen. Das Pferd mit seinem auffordernden Charakter bietet eine gute Chance eine Verbindung zwischen Therapeut und Klient zu schaffen.

2.3.2 Die Rolle des Therapeuten

Neben dem speziell ausgebildeten Therapiepferd sollte auch der Reittherapeut gewisse Charakteristika und Anforderungen erfüllen. Um als staatlich anerkannte Fachkraft für die heilpädagogische Förderung, bzw. als Reittherapeut arbeiten zu können, muss zunächst eine spezielle Ausbildung erfolgen. Grundlegend für diese ist, dass der angehende Therapeut aus einem pädagogischen, sozialen oder psychologischen Berufsfeld stammt und damit einhergehend die Bereitschaft und Fähigkeit mitbringt, sich auf Menschen einzulassen (vgl. Träm, S. 17). Des Weiteren muss eine Trainerlizenz im Reitsport oder Voltigieren der Deutschen reiterlichen Vereinigung erfolgreich abgeschlossen sein (ebd.).

Es sollte nicht nur zwischen dem Therapiepferd und dem Klienten ein Vertrauensverhältnis entstehen, sondern auch zwischen dem menschlichen Therapeuten und dem Therapiepferd. Der Therapeut sollte das Pferd gut kennen, verstehen und einschätzen können (vgl. Hediger & Zink 2017, S. 68). Für eine erfolgreiche Therapie ist eine „gute und vertrauensvolle Beziehung" (Brandenberger 2016, S. 87) zwischen allen Beteiligten eine wesentliche Voraussetzung.

Wie im vorigen Abschnitt bereits aufgeführt, nimmt das Pferd in der Therapie eine tragende Rolle ein. Der Mensch als Therapeut sollte sich eher im Hintergrund halten und das Pferd als Co-Therapeuten auf den Klienten wirken lassen. Seine Aufgabe besteht vor allem darin, das Therapiegeschehen zu bestimmen und in die gewünschte Richtung zu lenken. Daraus ergibt sich ein Beziehungsdreieck zwischen Klient, Pferd und Therapeut (ebd.), in welchem jeder eine fest zugeteilte Rolle hat. Trotzdem sollte das Pferd niemals als Therapeut fungieren, bzw. diesen ersetzen. Der Therapeut trägt sowohl die Verantwortung für den Klienten, als auch für das Therapiepferd. Das Therapiepferd dient – wie bereits ausführlich erwähnt – als Co-

Therapeut und „als Brücke zur Erleichterung der Kontaktaufnahme" (Förster 2005, S. 39).

Im Hinblick auf meine Arbeit mit geflüchteten Kindern und einem Therapiepferd ist es wichtig zu erwähnen, dass ich selbst keine ausgebildete Fachkraft bzw. Therapeutin in diesem Bereich bin. Seit neun Jahren gebe ich Kindern und Jugendlichen Reitunterricht und bringe ihnen den Umgang mit dem Pferd nahe. In diesem Zuge habe ich schon einige Erfahrungen sammeln können und bin mir über die besondere Verantwortung zum Pferd, als auch zum Kind bewusst. Wie allerdings dargestellt, ist eine spezielle Ausbildung sowohl für das Therapiepferd, als auch für den Therapeuten unumgänglich, um den Klienten mit ihren unterschiedlichen Bedürfnissen gerecht werden zu können.

2.3.3 Exemplarische Durchführung einer Therapieeinheit

Nachfolgend wird kurz auf die Durchführung einer pferdegestützten Therapieeinheit an einem Beispiel der heilpädagogischen Förderung eingegangen. In der Literatur findet sich keine feste und strikt vorgegebene Form/ Struktur zur Durchführung einer Reittherapie. Deswegen wird beispielhaft eine aus der Literatur vorgeschlagene und erfolgreich durchgeführte Therapieeinheit dargestellt.

Nach den Durchführungsbestimmungen des DKThR (2018) müssen für die heilpädagogische Therapieeinheit bestimmte Formalitäten und Kriterien berücksichtigt werden. Die Therapieeinheit findet wöchentlich in einem Umfang von 90 bis 120 Minuten statt. Neben dem Reiten stehen auch das gemeinsame Holen des Pferdes von der Weide/ dem Paddock, sowie das Putzen und Satteln, sowie Trensen im Vordergrund. Allein durch diese Arbeiten am und mit dem Pferd, können die Klienten Erfahrungen der Selbstwirksamkeit erlangen und sich kompetent fühlen (vgl. Kunz & Schneider-Schunker 2016, S. 78). Die Größe der Therapiegruppe sollte dabei zwischen drei und sechs Klienten liegen, welcher ein Therapiepferd, sowie ein Therapeut zur Seite steht. Daneben sollten die Therapieeinheiten auf einem Reitplatz oder in einer Reithalle von der Größe 20x40 Metern stattfinden, welcher in der Zeit allein der Therapiegruppe zur Verfügung steht (vgl. DKThR 2018).

Neben der zwischenmenschlichen Beziehungsbasis zwischen Klient und Therapeut, sowie dem fairen, artgerechten Umgang mit dem Therapiepferd, stellt auch die Umgebungsgestaltung in der Therapie eine wichtige Grundlage dar. Eine gewaltfreie, entspannte und ruhige Atmosphäre ist besonders in der Arbeit mit traumatisierten Menschen unumgänglich. Der Umgang mit Hilfsmitteln wie Gerten und Sporen, welche sonst typischerweise im Reitunterricht ihren Einsatz finden, sollten in der Therapie nicht verwendet werden, da sie bei traumatisierten Klienten zu Retraumatisierungen führen können (vgl. Kunz & Schneider-Schunker 2016, S. 73).

Nach Kröger (2005) lässt sich eine pferdegestützte Therapieeinheit in sechs Phasen gliedern.

1. Begrüßung und Vorbereitung des Pferdes
2. Erwärmungsphase
3. Arbeitsphase mit dem Pferd
4. Abschlussphase der Therapiestunde
5. Nachversorgung des Pferdes
6. Reflexion und Nachbereitung

Diese Phasen sollten in einer Therapieeinheit nacheinander von den Klienten durchlaufen werden (vgl. Kröger 2005, S. 108).

2.4 Effekte und Wirkungsweisen des therapeutischen Reitens

Therapeutisches Reiten stellt eine ganzheitliche Therapie dar, welche auf die verschiedensten Teilbereiche des Menschen abzielt (vgl. Brandenberger 2016, S. 90). Die Förderung aller Sinne wird beim Reiten angesprochen, was die Ganzheitlichkeit des Reitens einschließt (vgl. Kiewit 2009, S. 12). In diesem Teil der Arbeit sollen Effekte und Wirkungsweisen, welche mit dem therapeutischen Reiten einhergehen und durch dieses hervorgerufen werden, betrachtet werden. Diese Effekte und Wirkfaktoren können in vielfältigen Bereichen beobachtet werden. Betrachtet werden die durch pferdegestützte Therapie entstehenden Wirkfaktoren im Bereich der *Psyche, Wahrnehmung, Physis* und im *sozial-emotionalen Bereich*. Einen besonderen Stellenwert nimmt hierbei der Bereich *Psyche* ein. Besonders Kinder mit traumatischen Erlebnissen erfahren in diesem Bereich besondere Wirkungen.

2.4.1 Wirkungsweisen im Bereich der Psyche

Bezogen auf den Bereich der Psyche können Verbesserungen auf die emotionale Verfassung eines Menschen durch den Einfluss des therapeutischen Reitens beobachtet werden. „Durch die an keine Bedingungen geknüpfte Liebe der Tiere entsteht eine besondere Beziehung" (Förster 2005, S. 50). Auf Grund des Kontakts zum Pferd stillt der Klient sein Bedürfnis nach „Zuwendung und Angenommensein" (Brandenberger 2016, S. 91), was er bei Menschen in dieser Form nur bedingt erlebt. Ebenso kann durch die beim Reiten entstehende Entspannung ein Einblick in tiefsitzende Gefühle und Erlebnisse gegeben werden. Die sogenannte „kommunikative Öffnung" des Klienten kann gegenüber dem Pferd leichter, als gegenüber einem Menschen geschehen. Diese positiven Begegnungen können auch später auf Menschen übertragen werden und damit den Weg zurück in die Gemeinschaft ebnen (ebd.).

Breitenbach et al. haben unterschiedliche Wirkfaktoren pferdegestützter Interventionen beschrieben. Im therapeutischen Prozess eröffnet das Pferd als Reittier dem Klienten durch die unterschiedlichen Gangarten besondere Bewegungserlebnisse Durch das „Bewegtwerden" im Schritt erfährt der Klient Entspannung und Losgelassenheit. Der Trab aktiviert nicht nur den Gleichgewichtssinn, sondern auch die Eigenempfindung des Klienten. Somit kann das Reiten in den unterschiedlichen Gangarten verschiedenen Wahrnehmungsbereiche, welche sich positiv auf die Psyche auswirken, aktivieren (vgl. Breitenbach et al 2015, S. 98).

Wie bereits beschrieben, besitzt das Pferd einen motivierenden und auffordernden Charakter, wodurch die Klienten gerne mit ihm eine Beziehung eingehen (vgl. Hediger & Zink 2017, S. 45). Diese hohe intrinsische Motivation seitens der Klienten kann besonders gut für die pferdegestützte Therapie genutzt werden. Auch bei „therapiemüden" Klienten oder „Therapieverweigerern" konnte eine hohe Therapiemotivation beobachtet werden (vgl. Breitenbach et al 2015, S. 99).

Neben dieser entstehenden Motivation kann auch die Therapieumgebung als positiver Einflussfaktor gewertet werden. Die Reittherapie gibt keine Konfrontation mit einer konventionellen Therapieform in einer Praxis vor, sondern findet in einer natürlichen Umgebung statt. Der Aufenthalt in der Natur, bzw. ruhiger ländlicher Umgebung, welcher durch den natürlichen Lebensraum des Pferdes bestimmt ist, wirkt beruhigend auf die Klienten und gibt ihnen ein Gefühl von Normalität (vgl. Breitenbach et al 2015, S. 99).

Durch den Umgang mit dem Pferd erleben Menschen außergewöhnliche Momente und können intensiven Emotionen ausgesetzt sein. Diese Gefühle können sehr vielfältig sein. Wird bei einem Menschen Freude und Zufriedenheit ausgelöst, kann ein anderer eventuell mit Angst und Verunsicherung reagieren. In der Therapie steht das Sammeln positiver Erlebnisse und Emotionen im Vordergrund. Besonders die beruhigende Wirkung im Umgang mit dem Pferd wird hervorgehoben (ebd.).

Des Weiteren betonen auch Hediger und Zink die positiven Effekte des Reitens auf psychische Parameter. Das Pferd übt – im Gegensatz zum Mensch – keinen Druck und keine Erwartungen hinsichtlich seiner Leistungen auf den Klienten aus. Das Pferd akzeptiert den Menschen wie er ist und bewertet ihn nicht. Allein dadurch kann eine psychische Stabilisierung beim Klienten erfolgen (ebd.).

Wie bereits kurz angeschnitten, kann durch den Einsatz des Pferdes die Selbstwirksamkeit und das damit verbundene Selbstwertgefühl der Klienten positiv beeinflusst werden. Wer das Gefühl hat, selbst etwas mit seinem Tun und Handeln bewirken zu können – also selbst wirksam zu sein – steigert auch dadurch sein Selbstwertgefühl. Im Bezug der Reittherapie erlangt der Klient durch den Umgang mit dem Pferd wie z.B. es zu führen, zu satteln, zu putzen und letztlich auch auf ihm zu reiten, Kontrolle. Das Pferd als Vermittler von Kraft und Stärke „hebt das Selbstwertgefühl des Reiters, wenn es sich von ihm führen lässt, auf ihn hört, auf sein Einwirken die Gangart verändert und er schwierige Voltigierübungen auf ihm ausführen kann" (Ettrich & Ettrich 2007, S. 216).

Allgemein lässt sich anführen, dass therapeutisches Reiten und der Umgang mit dem Partner Pferd die „Stärkung psychischer Ressourcen" (Kiewit 2009, S. 12) mit sich bringt und daher sehr wertvoll für die Klienten ist.

2.4.2 Wirkungsweisen im Bereich der Wahrnehmung

Beim therapeutischen Reiten geht es nicht darum, das Reiten als Sportart zu erlernen, sondern um mit dem Partner Pferd das „Andere" zu erfahren, sich selbst darin zu sehen und sich zu reflektieren (vgl. Baldeo & Schlichtmeier 2010, S. 58). Die Wahrnehmung der eigenen Grenzen und Ressourcen steht dabei im Mittelpunkt. „Selbst- und Fremddefinition sowie das Erlernen von Sensibilität und Verantwortung können in der Arbeit mit dem Pferd von den Kindern wertfrei erfahren werden." (ebd.)

Reiten und der Umgang mit dem Pferd setzt eine klare und vor allem eindeutige Körpersprache voraus, welche zunächst von den Klienten wahrgenommen und erlernt werden muss. Demnach stellt das Reiten auch eine Wahrnehmungsschulung dar. Die Klienten müssen neben den Reaktionen des Pferdes auf ihr Tun und Handeln auch lernen, wie sich diese Reaktionen von ihren eigenen differenzieren. Zudem lernen sie, diese selbst zu beeinflussen, was zur Folge hat, dass sie einen besseren Bezug zur Realität erlangen. Die Wahrnehmungsschulung impliziert ebenso die Schulung der Sinne. Es werden alle Sinne des Klienten angesprochen und gefordert. Durch die Sinnesschulung erlangt der Klient eine differenziertere Wahrnehmung seines Körpers und ebenso seiner Verhaltensweisen. Dies führt zu einer wirklichkeitsnahen Fremd- und Selbstwahrnehmung (vgl. Brandenberger 2016, S. 92).

Außerdem wird durch die nonverbale Kommunikation mit dem Pferd der Zugang zum eigenen Körper gefördert. Bezüglich bei Kindern mit traumatischen Erfahrungen lernen diese, Gefühle, die den eigenen Körper betreffen, wieder zuzulassen und sich selbst wieder spüren. Dadurch wird ein Verständnis für die Ursache und Wirkungen des eigenen Verhaltens gefördert (vgl. Hediger & Zink 2017, S. 132).

Daneben wird auch die Verantwortung des Klienten, das Vertrauen in sich und das Pferd gefördert. Durch das Getragen-Werden auf dem Pferderücken sieht der Klient seine Umwelt aus einer anderen Perspektive. Aufgrund des Perspektivwechsels wird eine andere Sichtweise auf die gesammelten traumatisierenden Erlebnisse ermöglicht und der Klient kann die Erlebnisse besser verarbeiten (ebd., S. 133).

2.4.3 Wirkungsweisen im Bereich der Physis

Auch im Bereich der Physis können positive Veränderungen durch den Einsatz von therapeutischem Reiten beobachtet werden. Bei Kindern mit traumatischen Erlebnissen lassen sich in diesem Bereich nur geringe Veränderungen beobachten, weshalb dieser Bereich nur kurz angeschnitten wird.

„Der Umgang mit Tieren bewirkt nachweislich eine chemische Reaktion im Körper, welche als beglückend empfunden wird." (Förster 2005, S. 48). Durch das beim Reiten aufrechte Sitzen auf dem Pferd werden zahlreiche Muskelgruppen angesprochen. Dadurch erlangt der Klient insgesamt eine stabilisierte Balance und Rumpfaufrichtung und damit einhergehend eine Verbesserung der Steh- und Gehfähigkeit. Daneben wird eine verbesserte Grob- und Feinmotorik bei den Klienten beobachtet. Diese sind bedingend für eine Verbesserung der koordinativen Fähigkeiten, welche durch das Reiten gefördert werden können. Daneben werden sowohl der Gleichgewichtssinn gefördert als auch motorische Fähigkeiten wie Kraft, Ausdauer, Schnelligkeit, Beweglichkeit und Koordination (vgl. Winkler & Beelmann 2013, S. 5).

Wie bereits erwähnt besitzen Pferde eine beruhigende Wirkung auf den Menschen. Dabei kann der menschliche Körper in einen Entspannungszustand gelangen und die Herz- und Atemfrequenz abfallen (vgl. Hediger & Zink 2017, S. 134). Daneben führt schon allein die Anwesenheit eines Tieres, bzw. Pferdes zu einem stressmildernden und beruhigenden Zustand des Klienten. Dieser Effekt lässt sich auch beim Streicheln und Reiten des Pferdes positiv verstärken (vgl. Förster 2005, S. 46).

Weitergehend können durch die Reaktionen des Pferdes auf den reitenden Klienten „körperliche Verspannungen oder gefühlsmäßige Blockaden" (Brandenberger 2016, S.91) erkannt und behandelt werden. Durch die rhythmischen Bewegungen des Pferdes lassen sich diese Blockaden lösen. Ferner wird die Körperbeherrschung durch das Reiten geschult, (vgl. ebd., S. 91). Einhergehend mit der Körperbeherrschung entsteht ein gefestigtes Körpergefühl und Vertrauen in den eigenen Körper. Dieses steigert das oftmals bei traumatisierten Kindern verminderte Selbstbewusstsein (vgl. ebd., S. 93).

2.4.4 Wirkungsweisen im sozial-emotionalen Bereich

Im Rahmen der ganzheitlichen Therapie des therapeutischen Reitens wird auch der emotionale Bereich des Menschen angesprochen. Das Pferd gibt dem Klienten seelischen Halt und stärkt ihn in seiner Persönlichkeit. Durch die Auseinandersetzung mit dem Pferd erfährt er Bestätigung, Akzeptanz und Zuwendung, was sich positiv auf sein emotionales Befinden auswirkt. Auch das Wissen um die eigenen physischen und sozialen Kompetenzen wird gefördert und dem Klienten bewusst gemacht (vgl. Förster 2005, S. 50).

„Menschen fühlen sich durch Pferde emotional angesprochen" (Breitenbach et al 2015, S. 99).

Die beim therapeutischen Reiten stattfindenden Prozesse sind automatisiert und geschehen auf eine selbstverständliche Art und Weise, wobei die Klienten unterschiedliche positive Erfahrungen sammeln können. Unter anderem lernen sie die gegenseitige rücksichtsvolle Kontaktaufnahme mit dem Pferd, sowie die Auseinandersetzung mit diesem. Zusätzlich lernen sie ihr eigenes Verhalten zu reflektieren Des Weiteren lernen sie insbesondere bei Gruppentherapien wie andere Kinder sich verhalten und welche positiven oder negativen Auswirkungen mit deren Verhaltensmustern einhergehen (vgl. Gäng 2004, S. 27).

Pferde leben in einem sozialen Ordnungsgefüge und besitzen einen natürlicher Herdeninstinkt. Dies meint, dass jedes Pferd in der Gruppe einen festen Platz hat und sich an strikten Verhaltensregeln orientiert, um sein Überleben zu sichern (vgl. Förster 2005, S. 63). In Reittherapien können Klienten dieses System erleben und begreifen. Dadurch können soziale und emotionale Faktoren angesprochen werden, indem z.B. Sympathien und Antipathien der Pferde von den Klienten erfasst werden. Ferner kann das allgemeine Sozialverhalten der Klienten gefördert werden und diesen einen verantwortungsvollen Umgang mit anderen Lebewesen nahebringen (vgl. Kiewit 2009, S. 10).

Therapeutisches Reiten kann durch seine verschiedenen Fachbereiche vielfältige Möglichkeiten der Förderung bieten und den Menschen in seiner ganzheitlichen Entwicklung in hohem Maße bereichern. Hinsichtlich meiner Forschungsfrage lässt sich nunmehr erschließen, dass Reiten, bzw. der Umgang mit dem Pferd Effekte und Wirkungsweisen zu Folge hat, die positive Reaktionen beim Menschen hervorrufen. Weitergehend soll nun untersucht werden, welche dieser Effekte auch bei Kindern mit Fluchterfahrungen und damit eventuell einhergehenden traumatischen Erlebnissen auftreten. Dafür wird im nachfolgenden Kapitel zunächst die Thematik des Traumas betrachtet.

3 Das Trauma

In diesem vorliegenden Kapitel der Bachelorarbeit soll zunächst eine definitori-
sche Annäherung an den Terminus *Trauma* erfolgen, um weitergehend kurz die
Folgen, bzw. Folgestörungen traumatischer Erlebnisse zu betrachten. Dies ist von
Bedeutung, um im nächsten Kapitel auf geflüchtete Kinder mit traumatischen Erlebnissen eingehen zu können, und um deren Geschichten aufzugreifen. Abschließend wird ein Blick auf die Bewältigung traumatischer Erlebnisse gegeben.

3.1 Definitorische Annäherung an den Terminus *Trauma*

Zunächst sollen in diesem Teil der Arbeit die Begrifflichkeiten *Trauma* und *traumatische Erlebnisse* definiert werden. Unter dem Begriff Trauma finden sich in der Literatur viele unterschiedliche Definitionen und Klassifizierungen.

Übergeordnet bedeutet der aus dem Griechischen stammende Begriff *Trauma* auch
Verletzung oder Wunde. Ein Trauma ist eine „Reaktion auf schwere Belastungen".
Nach ICD 10 (WHO/ Internationale Klassifikation von Krankheiten) stellt ein
Trauma „ein belastendes Ereignis oder eine Situation außergewöhnlicher Bedro-
hung oder katastrophenartigen Ausmaßes (kurz oder langanhaltend), die bei fast
jedem eine tiefe Verzweiflung hervorrufen würde" (WHO 2001, S. 169) dar. Ein
Trauma entsteht, wenn eine oder auch mehrere erlebte Situationen als lebensbe-
drohlich empfunden und von den Betroffenen nicht mit einer direkten Reaktion
und Konfrontation gegen diese ausgehende Gefahr ausgemacht werden können.
Dabei empfinden die Betroffenen seelische und psychische Schmerzen, die sich
durch ein Gefühl von Ohnmacht, Hilflosigkeit oder auch Todesangst kennzeichnen
(vgl. Krause-Straky 2016, S. 23). Neben einhergehender Unsicherheit und Schutz-
losigkeit können traumatisierende Situationen das Selbst- und Weltverständnis
der Betroffenen grundlegend und dauerhaft erschüttern.

Der Terminus *traumatisches Erlebnis* wird nach Eckhard wie folgt definiert: „Ein
traumatisches Erlebnis wird als Einschnitt erlebt, der das bisherige Leben nachhaltig negativ verändert. Es ist mit den vorherigen Lebenserfahrungen nicht ver-
einbar und verunsichert die Betroffenen zutiefst." (Eckhard 2013, S. 9). Nach dieser
Definition erfahren Betroffene von traumatischen Erlebnissen eingeschränkte
Handlungs- und Reaktionsweisen. Weitergehend zeichnen sich traumatische Erlebnisse dadurch aus, dass „sie unsere Verarbeitungsfähigkeit bei Weitem über-
steigt" (Dehner-Rau & Reddemann 2004, S. 12). In einer traumatisierenden Situation findet keine Auseinandersetzung mit der potenziellen Gefahrenquelle statt,

vielmehr versuchen die Betroffenen dieser zu entkommen, indem sie aus dieser ausbrechen. Um ein traumatisches Ereignis zu verarbeiten, bedarf es viel Zeit und Geduld (ebd. S. 13).

Es ist wichtig zu erwähnen, dass bei den Definitionen *Trauma* und *traumatisches Erlebnis* nicht zwischen Erwachsenen und Kindern unterschieden wird. Traumata und traumatische Erlebnisse haben in der Kindheit einen anderen Einfluss und Auswirkung, als im Erwachsenenalter. Dies wird in dieser Arbeit nicht näher betrachtet und beschrieben, da es den Rahmen bei Weitem übersteigen würde. Ebenso gibt es für geflüchteten Kinder mit traumatischen Erfahrungen keine gesonderte Definition oder Abgrenzung. Es ist allerdings davon auszugehen, dass bei solchen Belastungen Traumatisierungen einhergehen (vgl. Unicef (1) 2017).

3.2 Folgen des Traumas

Traumatische Erfahrungen im Leben eines Menschen können tiefgreifende und schwerwiegende Folgen mit sich ziehen. Bei Kindern haben diese oft unterschiedliche Folgen für ihre weitere Entwicklung (vgl. Streeck-Fischer 2006, S. 108). Diese Folgen und Folgestörungen sind so vielfältig, dass sie hier nicht alle genannt werden können.

> „In welchem Ausmaß ein traumatisches Ereignis d e weitere Entwicklung bestimmt, hängt auch von den jeweiligen Bedingungen des Kindes und Jugendlichen ab, seinem Entwicklungsstand, den bisherigen Entwicklungsbedingungen, der Konstitution, den Ressourcen und der Verfügbarkeit einer Vertrauensperson und sozialen Umwelt." (Streeck-Fischer 2006, S. 2).

Unterschieden wird zunächst zwischen einer akuten Belastungsreaktion während des traumatischen Erlebnisses, welche allerdings innerhalb einiger Tage verschwindet und der posttraumatischen Belastungsstörung (kurz PTBS), welche sich über Monate hinweg intensivieren und ausbreiten kann (vgl. Huber 2009, S. 39). Nach einem Trauma kann auch eine dissoziative Störung auftreten. Diese und die PTBS treten erst dann auf, wenn die von einem Trauma Betroffenen dieses nicht innerhalb von acht Wochen bis zu einem halben Jahr ausreichend verarbeitet haben (vgl. Dehner-Rau & Reddemann, 2004, S. 48).

Allgemein können nach einem traumatischen Erlebnis Ängste mit diesem einhergehen, Schlafstörungen, Hyperaktivität, sowie unpassendes Verhalten sind häufige Begleiterscheinungen. Oftmals wird das traumatische Erlebnis in Träumen und Fantasien als Flashback wiederholt erlebt und nachempfunden. Daneben können sich Depressionen entwickeln, sowie ein mangelhaft ausgebildetes Selbstkonzept und Misstrauen gegenüber anderen Menschen (vgl. Streeck-Fischer 2006, S. 96). Diese vielfältigen Ausprägungen zeigen, wie spezifisch die Störungsbilder sein können und damit einhergehend, die Schwierigkeit, diese zu diagnostizieren.

3.3 Bewältigung traumatischer Erlebnisse

Traumatische Erlebnisse sollten behandelt und therapiert werden, um die oben beschriebenen Folgen und Folgestörungen gering zu halten, oder diese gar zu vermeiden. Traumabehandlungen lassen sich ambulant als Psychotherapie durchführen. Ist ein Klient jedoch sehr instabil, sollte eine stationäre Therapie vor der ambulanten vorweggehen. Besonders „nach Kriegs- oder Foltererlebnissen als Kind" (Huber 2003, S. 65) hat sich die ambulante Therapie in Praxen oder Kliniken bewährt. Wichtig ist, dass die Behandlung grundsätzlich von ausgebildeten Therapeuten durchgeführt wird, welche eine zusätzliche Ausbildung zum Traumatherapeuten absolviert haben (ebd.). Daneben kann auch der Einsatz von Tieren bei einer Therapie positive Effekte auf die Klienten ausüben, „diese aus ihrer Lethargie reißen und einhergehend die gesamte Lebensqualität des Menschen steigern" (Förster 2005, S. 51). Im Rahmen einer Reittherapie ist die Behandlung eines Traumas oder traumatischen Erlebnisses ebenfalls bedeutsam und realisierbar (vgl. Krause-Straky 2016, S. 29).

4 Geflüchtete Kinder in Deutschland

Dieses Kapitel beschäftigt sich mit der aktuellen Lage von geflüchteten Kindern, deren Situation in Deutschland und umreißt die Schwierigkeiten, vor denen sie nach ihrer Ankunft stehen. Anschließend erfolgt eine knappe Auseinandersetzung mit traumatischen Erlebnissen bei geflüchteten Kindern. Dies ist von Bedeutung, um weitergehend die Beschreibung der Fluchtgeschichte der betreuten Kinder aufgreifen und verstehen zu können. Abschließend wird das Reitsetting mit diesen Kindern beschrieben.

4.1 Aktuelle Lage geflüchteter Kinder

„Im Schnitt wird alle zwei Sekunden jemand auf der Welt zur Flucht gezwungen." (UNO-Flüchtlingshilfe (2) 2018). Syrien, Afghanistan und Südsudan sind die drei größten Herkunftsländer von Flüchtlingen (UNO-Flüchtlingshilfe (2) 2018). Diese Länder sind durch Bürgerkriege, Armut und Hungersnöte betroffen, die zu der großen Anzahl geflüchteter Menschen führt. Die Gründe zur Flucht der Kinder sind allerdings noch vielfältiger. Neben Gewalt, bewaffneten Konflikten und Verfolgung, fliehen sie aus Angst vor einer Verheiratung im Kindesalter, Genitalverstümmelung, geschlechtsbezogener Gewalt, Zwangsrekrutierung oder den Folgen des Klimawandels (vgl. UNICEF- Embargo 2017, S. 2).

„Rund 52% aller Flüchtlinge weltweit sind Kinder." (UNO-Flüchtlingshilfe (2) 2018). In den vergangenen Jahren ist die Zahl der geflüchteten minderjährigen Kinder und Jugendlichen, welche ohne ihre Eltern oder erwachsene Bezugspersonen auf der Flucht sind, stark gestiegen. Wurden in den vergangenen Jahren ca. 66.000 Kinder ohne Begleitung registriert, so hat sich diese Zahl in den letzten beiden Jahren auf 300.000 verfünffacht (vgl. Unicef 2017).

Im Jahre 2016 beantragten 261.383 nach Deutschland flüchtende Kinder Asyl in Deutschland. Davon waren 35.939 ohne Begleitung von Erziehungspersonen/-berechtigten (vgl. Lewek 2017, S. 14). Diese Kinder werden oft von sogenannten Schleusern über diverse Routen nach Deutschland gebracht, sodass von Menschenhandel gesprochen werden kann. Auf diesen Routen sind sie Gewalt, Missbrauch und Ausbeutung ausgesetzt, was verheerende Folgen für die Entwicklung der Kinder mit sich bringt (UNICEF Embargo 2017, S. 5).

Aufgrund sehr unterschiedlicher Erfolgsaussichten bei der Bewilligung von Asylanträgen, ist für viele Kinder über einen großen Zeitraum unsicher, wo sie in Zukunft wohnen werden (vgl. Unicef 2017, S. 15). Viele der in Notunterkünften (wie

Turnhallen und Zelten) provisorisch untergebrachten Geflüchteten verbringen einige Zeit unter einem Dach mit stark eingeschränkter Privatsphäre, fehlenden Rückzugsorten und Ruhe (vgl. UNICEF 2017, S. 8). Aufgrund dieser Zustände können diese Erstaufnahmeeinrichtungen, trotz ihres hohen Stellenwertes als Lebensmittelpunkt der Flüchtlinge, als nicht kindgerecht bezeichnet werden (UNICEF Lagebericht 2016, S. 6).

Da es in Deutschland keine bundesweit einheitlich geregelten Unterbringungsbedingungen und Leistungszugänge gibt, sind geflüchtete Kinder oft unterschiedlichsten Bedingungen nach ihrer Ankunft ausgesetzt. Dabei spielen diverse, teilweise willkürliche Faktoren für die zukünftige Lebenssituation der Kinder eine Rolle: Zeitpunkt der Ankunft in Deutschland, Herkunftsland und Bleibeperspektive, sowie der Ort und die Art der Unterbringung. Ebenfalls muss erwähnt werden, dass durch die geografische Abgelegenheit vieler Flüchtlingsunterkünfte die Integration erschwert wird (UNICEF- Embargo 2017, S. 9).

Diese Ausführungen zeigen die große Not und auch Missstände auf, denen geflüchtete Kinder ausgesetzt sind. Auch die in dieser Arbeit vorgestellten Kinder sind Kriegsgeflüchtete und mussten ohne ihre Eltern aus ihrer Heimat fliehen. Um ihre Gefühle, bzw. Stimmungen verstehen zu können, müssen ebenso ihre Geschichten und Hintergründe verstanden werden.

4.2 Traumatische Erlebnisse bei geflüchteten Kindern

Die Ausmaße und einhergehenden Folgestörungen bei Kindern mit Fluchterfahrungen sind noch nicht weitgehend genug erforscht und es ist wenig Literatur vorhanden um die tatsächliche Dimension bestimmen zu können. Dies ergibt sich vor allem durch die Aktualität dieses Themas. Dennoch stellen geflüchtete Kinder eine Risikogruppe dar, welche bedingt durch ihre Flucht starken psychischen Belastungen ausgesetzt sind. Auch die Gründe zur Flucht aus ihrem Heimatland, können vorab schon traumatische Erlebnisse hervorgerufen haben. Ebenso verhält es sich auch in den Unterbringungsorten ihres Aufnahmelandes. Demnach weisen geflüchtete Kinder mit hohem Anschein nach posttraumatische Belastungsstörungen auf welche als eine schwerwiegende Form von Traumatisierung zu bezeichnen ist (vgl. Zito 2010, S. 127).

Besonders für Kinder ist die Bewältigung eines Traumas schwieriger, als für Erwachsene. Erwachsene verfügen über Schutzmechanismen und eine ausgebildete Persönlichkeit, welche ihnen die Verarbeitung bzw. Verdrängung traumatischer Erlebnisse vereinfacht. Bei Kindern und Jugendlichen, welche sich noch in der Entwicklung befinden, sind diese Schutzmechanismen noch nicht weit genug ausgeprägt und die Verarbeitung eines traumatischen Erlebnisses fällt ihnen schwerer. Oftmals weisen traumatisierte Kinder eine verzögerte Entwicklung auf, neigen zu Anhänglichkeit und zeigen ein eingeschränktes Spielverhalten. Weitergehend kann es zu Konzentrationsstörungen kommen (vgl. ebd. S. 129).

Kinder und Jugendliche benötigen während und auch nach der Flucht besonderen Schutz. Dafür gilt seit dem Jahre 2010 die UN-Kinderrechtskonvention für alle in- und ausländischen Kinder und Jugendliche unter 18 Jahren, welche sich für den Schutz des Lebens und der Entwicklung eines jeden Kindes einsetzt (vgl. UNICEF 2017, S. 16).

Besonders für Kinder und Jugendliche sind die Bedingungen in ihrem neuen Wohnort für ihre weitere Entwicklung grundlegend. Sie benötigen zunächst Sicherheit und Struktur in ihrem Leben, sowie Bezugspersonen, die sich liebevoll um sie kümmern und ihnen eine neue Lebensperspektive aufzeigen. Hierzu zählen auch die schulische Bildung und Freizeiteinrichtungen wie z.B. Sportvereine (vgl. Landessportbund NRW 2016, S. 37).

„Die große Bedeutung von Bewegung, Sport und Spiel für die körperliche und geistige Entwicklung Heranwachsender ist unbestritten" (ebd., S. 39). Sport kann den geflüchteten traumatisierten Kindern helfen, ihre auf der Flucht gemachten

Erlebnisse zu verarbeiten und ihr Selbstbewusstsein und Selbstbild zu stärken. Daneben kann besonders Sport im Verein den Geflüchteten beim Ankommen und der Orientierung in einem neuen Land helfen (vgl. ebd., S. 9).

Vereinssport kann neben der nachhaltigen Integration damit folglich für geflüchtete Kinder und Jugendliche Begegnungen und Freundschaften schaffen, sowie Unsicherheiten und Stress abbauen (vgl. ebd., S.10).

4.3 Beschreibung der Fluchtgeschichte der betreuten Kinder

Nachdem im vorherigen Abschnitt die Ausmaße und Folgen traumatischer Erlebnisse bei geflüchteten Kindern kurz angeschnitten wurden, soll in diesem Abschnitt des Kapitels die Fluchtgeschichte der Kinder beschrieben werden, mit denen die Reiteinheiten durchgeführt wurden. Die von mir dargelegten Informationen über die Fluchtgeschichte dieser Kinder habe ich von der Betreuerin der beiden, welche bei der Lebenshilfe und ehrenamtlich bei der AWO arbeitet, erhalten. Im letzten Jahr durfte ich im Rahmen meines Berufsfeldpraktikums mit geflüchteten minderjährigen Kindern ein Reitprojekt durchführen. Zu diesem Reitprojekt wird kurz das Reitsetting beschrieben, sowie Ziele und Inhalte der wöchentlich stattgefundenen Reiteinheiten. Im Rahmen meiner Bachelorarbeit habe ich noch vier weitere Reineinheiten mit den Kindern durchgeführt und im Hinblick meiner Forschungsfrage Beobachtungen gesammelt.

4.3.1 Falldarstellung

Ismail und Melis (Namen geändert) kommen beide aus einem kleinen Dorf im Irak, unweit der syrischen Grenze. Täglich mussten sie die nahegelegenen Gefechte miterleben, die Bomben fallen hören und zusehen wie auch ihre Verwandten und Freunde dem Kriege zu Opfer fielen. Im Alter von sieben und neun Jahren entschieden ihre Eltern, die beiden Kinder nach Deutschland zu ihrem in Bielefeld lebenden Onkel zu schicken, um sie vor dem Krieg und weiteren Gefechten zu schützen. Auf ihrer Flucht wurden sie von ihrer Großmutter und einem weiteren befreundeten Kind begleitet. Der Rest der Familie – zwei weitere jüngere Geschwister, sowie die Eltern – blieben im Irak. Aus ihrem Heimatort im Irak flohen die beiden Geschwister durch die Türkei bis in die Stadt Izmir, von wo aus sie mit einem Schlauchboot ca. 1 ½ Tage nach Griechenland übersetzten. Die Tage auf dem Schlauchboot waren für die Kinder ein einschneidendes Erlebnis, verbunden mit Hunger, Todesangst und großer Not. Bei ihrer Ankunft in Deutschland waren beide Kinder sehr krank, abgemagert und in einem körperlich sehr schlechten Zustand. Die Flucht aus dem

Irak bis nach Bielefeld dauerte ungefähr 1 ½ Wochen. In Bielefeld angekommen, empfingen sie zunächst Ablehnung seitens Bekannter aus dem Irak. Diese nahmen die Großmutter der beiden Geschwister auf, allerdings durften die Kinder selbst nicht bleiben. Nach dieser ersten zurückweisenden Erfahrung wurden sie sehr herzlich von ihrem Onkel und der Tante empfangen, welche vor 20 Jahren aus dem Irak nach Deutschland geflohen waren. Beide Kinder waren anfänglich sehr zurückhaltend und schweigsam und brauchten einige Zeit, um anzukommen. Auch die körperlichen und psychischen Leiden, die sie auf ihrer Flucht machten, bedürfen heute noch Verarbeitungszeit. An einer schulischen Ausbildung haben die beiden in ihrem alten Heimatland noch nicht teilhaben können. Die in Deutschland herrschende Schulpflicht ermöglicht ihnen nun, eine Schule zu besuchen. Zu Beginn sprachen und verstanden sie die deutsche Sprache noch nicht. Da sie aber täglich in einer integrativen Klasse und auch ihn ihrem neuen Zuhause bei ihren Deutsch sprechenden Verwandten zum Sprechen ermutigt wurden, lernten sie die Sprache sehr schnell. Nachdem sich die beiden Geschwister zunächst bei Tante und Onkel einleben und zurechtfinden konnten, wurden sie von einer Betreuerin der Institution „Lebenshilfe" zusätzlich betreut und unterstützt. Im Rahmen des Projekts BESO (Begleitung beim Einstieg in Schule und OGS) kümmert sich die Betreuerin ehrenamtlich um die beiden Kinder und hilft ihnen, sich zurecht zu finden. Diese unternimmt seit der Ankunft der Kinder in Deutschland wöchentlich teils mehrmals Ausflüge mit ihnen, begleitet sie bei den Hausaufgaben und hat immer ein offenes Ohr für sie. So hat sie die beiden Geschwisterkinder wöchentlich zum Reiten begleitet, ihnen dabei zugesehen und sie ermutigt. Anfänglich zeigte Melis sowohl in der Schule, als auch bei den Besuchen der Betreuerin ein Aufmerksamkeitsdefizit, was sie durch Ärgern und Kneifen anderer Kinder äußerte. Ebenso konnte sie es nicht ertragen, wenn ihre Betreuerin sich mit anderen Kindern beschäftigte, oder den Raum ohne sie verließ. Dort zeigte sie große Verlustängste und tat diese mit einem Weinen und Kreischen kund. Nach einigen Monaten konnte sie ihre Ängste nach und nach ablegen, wobei diese natürlich durch ihre Vorgeschichte nicht gänzlich verschwunden sind. Mir fiel während der Reiteinheiten auf, dass sie viel Aufmerksamkeit fordert und vor allem alles miterleben möchte. Ihr älterer Bruder Ismail hingegen zeigte dieses Verhalten nicht. Er verarbeitete seine auf der Flucht gemachten (wahrscheinlich traumatischen) Erlebnisse auf eine andere Art und Weise. Oft wirkte er sehr verschlossen und schüchtern, in sich gekehrt und feinfühlig. Vor den Reiteinheiten war er oft lustlos und unmotiviert und wollte lieber mit seinen Freunden Fußball spielen. In seiner Peergruppe und Schulklasse hat er viele Freunde und ist gut integriert. Mit seinen älteren Cousins ist er allerdings auch oft überheblich und ärgert andere, oft jüngere oder schwächere Kinder.

Heute sind die beiden Kinder neun und elf Jahre alt. Sie sind gut integriert, haben viele Freunde in der Schule und sind augenscheinlich sowohl körperlich, als auch psychisch gesund. Die schlimmen Erfahrungen, die sie in ihrem Heimatdorf, als auch auf der Flucht aus diesem gemacht haben, werden sie allerdings nie vergessen. Es ist anzunehmen, dass diese Erfahrungen und Erlebnisse für die beiden Kinder einschneidend, wenn nicht sogar traumatisierend gewesen sein könnten. Wie bereits im vorangegangen Kapitel definierten Terminus *Trauma*, gehen solche Erfahrungen nicht spurlos an einem Menschen – besonders an einem sich entwickelnden Kind – vorbei.

Vor circa drei Monaten erreichten auch die Eltern der beiden Kinder Deutschland. Die anderen beiden Geschwister sind bis heute bei weiteren Familienmitgliedern im Kriegsgebiet. Seit der Ankunft der Eltern in Deutschland fungieren die Kinder - besonders der ältere Ismail - als Vormund für die Eltern. Da beide Elternteile der deutschen Sprache noch nicht mächtig sind, regelt, organisiert und übersetzt Ismail das neue Leben für seine Eltern. Er übernimmt viele Aufgaben und ist mit seinen elf Jahren eine wichtige Stütze in der Familie.

Zusammenfassend kann davon ausgegangen werden, dass beide Kinder in ihrem jungen Leben schon viele einschneidende, traurige und wahrscheinlich auch traumatisierende Erlebnisse erfahren haben.

4.3.2 Das Reitsetting

Wöchentlich fanden im vergangenen Jahr im Rahmen meines Berufsfeldpraktikums auf dem Halhof in Bielefeld verschiedene Reiteinheiten mit einer Gruppe geflüchteter minderjähriger Kinder statt. Das Reitsetting bestand hierbei aus drei Kindern im Alter zwischen acht und elf Jahren, einem Pferd, der Betreuerin der drei Kinder und mir. Das eingesetzte Pferd findet oft in therapeutischen Reitsettings seinen Einsatz und ist aufgrund seines Charakters für diese Arbeit prädestiniert. Ich selbst betreue seit neun Jahren in den Ferien oder an Wochenenden Kinder auf einem Reiterhof, gebe dort Reitunterricht und leite dort andere spielerische Aktivitäten mit und ohne Pferden an. In den letzten Jahren meiner Betreuertätigkeit habe ich viele verschiedene Kinder und Gruppen kennen lernen dürfen. Dort habe ich Kinder und Jugendliche mit Behinderungen und ebenso Schulklassen betreut. Die Arbeit mit geflüchteten Kindern war für mich eine neue Erfahrung und Aufgabe, mit neuen Herausforderungen an mich selbst.

Bei allen Reiteinheiten mit den Kindern stand stets der positive, harmonische Umgang mit dem Pferd im Vordergrund. Es war zunächst wichtig, dass die Kinder sowohl Vertrauen zu mir, als auch zu dem Pferd aufbauen. Dies stellte kein großes Problem dar, denn alle Kinder waren sehr aufgeschlossen, neugierig und schienen sehr interessiert. Der zeitliche Rahmen der Reiteinheiten betrug wöchentlich ungefähr 1 ½ Stunden. Zu Beginn jeder Einheit stand das gemeinsame Putzen und Pflegen, sowie das Satteln und Trensen des Pferdes auf der Tagesordnung. Danach wurden entweder gemeinsame Spazierritte, Einheiten an der Longe oder auch ein Geschicklichkeitsparcours durchgeführt. Ziele der verschiedenen Einheiten waren unter anderem Vertrauen zum Partner Pferd zu entwickeln, Verantwortung für einen anderen Reiter und das Pferd zu übernehmen, sowie die Selbst- und Fremdwahrnehmung zu fördern. Ebenso waren das gemeinsame Turnen, Lenken üben und das Sammeln von Rhythmuserfahrungen in den verschiedenen Gangarten des Pferdes Teil der Reiteinheiten. Der Erwerb reiterlicher Grundelemente spielten dabei eine eher untergeordnete Rolle. Spaß und ein angstfreier Umgang mit und auf dem Pferd sollten stets oberste Priorität haben. Die im Rahmen meines Praktikums gewonnen Erfahrungen und Eindrücke sind Grundlage für diese vorliegende Arbeit.

Im Rahmen dieser Bachelorarbeit habe ich mit zwei Kindern dieser Gruppe noch weitere Reiteinheiten durchgeführt. Die beiden Geschwister kamen erneut für 1 ½ Stunden mit ihrer Betreuerin zum Halhof. Bei diesen stattgefundenen Einheiten wurde jeweils ein Spazierritt durchgeführt, um leichter mit den Kindern zu kommunizieren. Eine Verständigung bzw. Unterhaltung ist natürlich einfacher, je näher alle Beteiligten am Pferd und somit am Geschehen sind. Dabei konnte ich die Kinder zu ihrem Befinden vor, nach und während des Reitens befragen. Die Befragung dazu erfolgte mündlich und mit jedem Kind einzeln, d.h. nicht im Gruppensetting Wichtig war es mir zu erfahren, wie es ihnen vor und besonders nach der Reiteinheit erging, ob sie sich auf das Reiten gefreut haben und worauf sie sich besonders gefreut haben. Ein weiterer wichtiger Punkt war es auch, die Beobachtungen der Betreuerin der Beiden mit einzubeziehen. In der kurzen Zeitspanne, in der ich die Kinder wahrnehmen konnte, können natürlich keine präzisen Aussagen über ihren allgemeinen Gefühlszustand gemacht werden. Die Betreuerin aber kann die Stimmungen der beiden Kinder sehr gut einschätzen, da sie diese wie schon erwähnt, einige Jahre kennt und ihre Entwicklung mitverfolgen konnte.

Es zeigt sich, dass die Darstellung der Gefühlszustände der Kinder in einem wissenschaftlichen Kontext sehr schwierig ist. Zum einen können sie nicht nach der

Verarbeitung ihrer Fluchterlebnisse befragt werden und zum anderen kann ich selbst nur das interpretieren, was ich wahrgenommen habe. Aus den Stimmungslagen der Kinder vor, während und nach den Reiteinheiten ist deutlich geworden, dass sie durch das Reiten und dem Umgang mit dem Pferd zum einen ruhiger geworden sind und sich zum anderen ihre Stimmung positiv verändert hat. Um nun diese Gefühlszustände in einen wissenschaftlichen Zusammenhang bringen zu können und daraus Schlüsse zu ziehen, wird im folgenden Kapitel auf Grundlage von Brehm (1997) dargestellt, welche Emotionen Sport auslösen kann. Emotionen (als Teil der Motivationspsychologie) werden durch Stimmungen abgebildet und ausgedrückt. Der von mir ausgewählte Text von Brehm schafft durch das Abbilden von Stimmungen und Emotionen den gesuchten wissenschaftlichen Kontext und lässt die von mir wahrgenommen Stimmungen der Kinder darauf übertragen. Weitergehend wird in einem Kategorisierungsversuch nach Mayring (2000) versucht, diese Stimmungen und Emotionen in ein von mir konzipiertes Schema einzuordnen.

5 Emotionen

In diesem Teil der Arbeit wird die Abhängigkeit von Stimmungen und Emotionen in Bezug auf sportliche Aktivitäten betrachtet, bzw. wie sich diese auf die Handlungsregulation des Sporttreibenden auswirken. Trotz der schwierigen Suche nach Literatur für mein spezifisches Thema sind die Ergebnisse von Brehm „Emotionen von Spiel- und Individualsportlern in Training und Wettkampf" (1997) am besten auf die mir bekannten Fälle anzuwenden. Brehm ordnet dabei Stimmungen (als Ausdruck von Emotionen) sportlichen Leistungen zu. Diese Zuordnung ist von Bedeutung, um im weiteren Verlauf dieser Arbeit die beobachteten Stimmungen der vorgestellten Kinder auf die in der Literatur festgemachten Emotionen zu übertragen und anschließend diese auf die Wirkungen und Effekte von Reittherapien zu beziehen.

5.1 Emotionen im Sport

Es wird davon ausgegangen, dass Stimmungen und Emotionen wie z.B. Freude, Entspanntheit, Ruhe, gute Laune, aber auch Ärger, Energielosigkeit, Wut oder Erregtheit die emotionale Verfassung eines Menschen beeinflussen. Dabei können sich diese auch unterschiedlich auf die Handlungsprozesse eines Menschen auswirken. Besonders für die „Antriebskraft und Motivation" spielen sie eine erhebliche Rolle. Des Weiteren wurde auch eine Abhängigkeit zwischen den Stimmungen und den sportiven Leistungen eines Menschen festgestellt. Die Leistung selbst ist durch positive, als auch negative Emotionen geprägt. Dabei ist eine positive Einstellung, bzw. Stimmung zumeist eine „wichtige Voraussetzung für gute sportliche Leistungen, sie ist gleichzeitig ihr subjektives Resultat." (Brehm 1997, S. 54). Dies impliziert, dass bei negativen Emotionen oftmals Misserfolge im sportlichen Tun mit einhergehen und umgekehrt, dass bei positiven Emotionen die Chancen auf Erfolg weitaus höher stehen (vgl. Brehm 1997, S. 54).

Nach Wundt lassen sich Stimmungen und ihre Ausprägungen in drei Dimensionen einteilen: Lust – Unlust, Spannung – Lösung und Erregung – Beruhigung. Dabei zielt der Mensch immer auf ein Gleichgewicht dieser Stimmungskomponenten ab (vgl. Brehm 1997, S. 55).

Die menschliche Gefühlslage lässt sich als ein „Prozess von Stimmungsschwankungen" (Brehm 1997, S. 55) ausdrücken, welche durch alltägliche Begebenheiten selbst, als auch durch Selbstregulationsprozesse wie z.B. Sport oder allgemein körperliche Betätigung angeregt werden. Dabei ist immer ein Gleichgewicht der unterschiedlichen Stimmungskomponenten angestrebt. Dieses Verfahren des so genannten „Stimmungsmanagements" wird durch zwei Hergänge begünstigt. Zum einen durch Äquilibration und zum anderen durch Disäquilibration. Unter Äquilibration versteht sich die Stärkung positiver emotionaler Zustände und die Schwächung negativer emotionaler Zustände. Das individuelle Wohlbefinden der sportlich Aktiven wird gefördert, indem eine Stimmungssteigerung stattfindet. Bei der Disäquilibration findet „eine Störung des aktuellen Stimmungszustandes mit anschließender Wiederherstellung" (Brehm 1997, S. 55) statt, was z.b. bei Veränderungen der Spannungsdimension häufig zum Vorschein kommt.

Sportliche Aktivitäten (wie Fitness Aktivitäten) fördern Äquilibrationsprozesse und können sich somit positiv auf das Stimmungsmanagement eines Menschen auswirken. Hierfür werden bei sportiven Tätigkeiten positive Stimmungen verstärkt und negative Stimmungen geschwächt, was Auswirkungen auf die psychische Verfassung der Sporttreibenden mit sich bringt. Auch Disäquilibrationsprozesse beeinflussen den Stimmungszustand des sportlich Aktiven (insbesondere bei Spielsportarten). Besonders das Empfinden des Spannungsbogens mit Erregtheit und Aktiviertheit wird von den Sporttreibenden beschrieben. Ferner verändert sich auch die positive und negative Gefühlslage (vgl. Brehm 1997, S. 56). Die Vorstellung ist nun durch eine Steigerung der Stimmung das individuelle Wohlbefinden der sportlich Aktiven zu fördern.

5.2 Beobachtungen

In diesem Abschnitt des Kapitels sollen meine Beobachtungen aus den Reiteinheiten mit den beiden Kindern dargestellt werden und anschließend Folgerungen unter Einbeziehung, der im ersten Kapitel dargestellten Effekte und Wirkungsweisen therapeutischen Reitens erläutert werden. Die folgenden Beobachtungen und Eindrücke beziehen sich auf meine persönlich wahrgenommenen, als auch auf denen der Betreuerin der beiden Kinder.

Seit Beginn der Reiteinheiten hatten beide Kinder keine Berührungsängste vor dem Pferd. Sie gingen direkt offen auf dieses zu, berührten es und zeigten keine Scheu. Die Kinder suchten oft die unmittelbare Nähe des Pferdes, sodass ich mehrfach auf den Sicherheitsabstand (besonders zum Pferdehintern) aufmerksam machen musste. Dies ist vor allem wichtig, damit ihnen das Pferd nicht auf die Füße tritt, sich eventuell von einem direkt hinter ihm laufenden Kind erschrickt oder gar austritt. Vor den meisten Reiteinheiten äußerte Ismail vor seiner Betreuerin Unlust oder wollte sogar zuhause bleiben. Manchmal war er aber auch vor den Einheiten sehr motiviert und voller Freude. Seine jüngere Schwester Melis hingegen freute sich immer sehr und malte vorab Bilder von der bevorstehenden Einheit. Gemeinsam wurde das Pferd vor dem Reiten von der Weide geholt, wobei die Kinder vor dem Zaun zur Weide auf dieses freudig, ungeduldig und vor allem stets erwartungsvoll warteten. Nachdem das Pferd kurz begrüßt und gelobt wurde, wollten beide Kinder dieses zum Putzplatz führen, weshalb öfter kleine Streitigkeiten zwischen den Geschwistern entstanden. Am Putzplatz angekommen, wurde das Pferd gemeinsam von allen Beteiligten geputzt. Besonders Ismail zeigte sich bei der Versorgung des Pferdes sehr hilfsbereit und verantwortungsbewusst. Im Umgang mit dem Pferd war er sehr mutig und engagiert und wollte viele Arbeiten, wie Satteln und Trensen selbstständig erledigen. Aufgrund der Größe des Pferdes ging dies nicht immer, weshalb ich ihm Unterstützung gab, allerdings nur so viel, dass er sich hauptsächlich verantwortlich fühlen konnte. Das Auskratzen der Hufe des Pferdes war für die Kinder jedes Mal besonders aufregend. Wollten beide dies ausdrücklich selber machen, so waren sie von der Last des sich bewegenden Pferdebeines eingeschüchtert. Unter Hilfestellung gelang ihnen dies letztendlich doch und sie waren sichtlich stolz, solch eine Arbeit gemeistert zu haben.

Besonders auffällig war, dass Ismail – der wie erwähnt oftmals vorab unmotiviert war – eine besondere Bindung zum Pferd hatte und pflegte. Sobald dieses in seiner Nähe war, schien er wie ausgewechselt und sein Verhalten änderte sich schlagartig. Seine feinfühlige, empathische und ruhige Art übertrug sich auf das Pferd, welches ihm gegenüber immer sehr aufmerksam war. Sorgsam und pflichtbewusst kümmerte er sich um dieses. Wie am Beispiel von Ismail zu beobachten ist, kann das Pferd einen motivierenden und auffordernden Charakter besitzen.

Im Anschluss an das Putzen und Herrichten des Pferdes, begann das Reiten auf dem Pferd. Schon im Vorfeld wurde die wöchentlich abwechselnde Reihenfolge bestimmt, denn jedes Kind wollte zuerst reiten. Beim Reiten zeigten sich beide Kinder sehr mutig und aufgeweckt. Sie wollten am liebsten durchgehend selbstständig das Pferd lenken und somit über dieses auch die Kontrolle haben. In der Gangart Schritt stellte dies kein Problem war, auch wenn am Wegrand das grüne Gras das Pferd zum Fressen lockte. Die Kinder konnten sich oft selbstständig durchsetzen oder halfen sich gegenseitig, das fressende Pferd wieder in Bewegung zu versetzen. Beide waren durchaus stolz, das Pferd „ganz allein" geritten zu haben. In der Gangart Trab war die Kontrolle über das Pferd, als auch über den eigenen Körper eine neue, andere Schwierigkeit. Da beide Kinder wie schon erwähnt im vergangenen Jahr einige Reiterfahrungen sammeln konnten, kannten sie bereits alle Gangarten – Schritt, Trab und Galopp – des eingesetzten Pferdes. Um allerdings alleine in den Gangarten Trab und Galopp reiten zu können, bedarf es einer reiterlichen Grundausbildung, welche die beiden in dieser kurzen Zeit nicht erlangt haben. Dennoch hatten sie genug Körperbeherrschung, sodass sie mit meiner Unterstützung beim Führen des Pferdes auch Traben (und in der Reithalle an der Longe auch galoppieren) durften. Dies war für die Kinder immer wieder eine freudvolle, aber auch anstrengende Erfahrung. Melis fühlte sich nach dem Traben oft „durchgeschüttelt". Ismail hingegen konnte mit den Bewegungen des Pferdes gut mitgehen, sich in den Rhythmus des Pferdes hineinversetzen und so ein harmonisches Bild abgeben. Eine Schwierigkeit beim Reiten stellt zum einen das sich in einem speziellen Rhythmus bewegende Pferd dar und zum anderen die Koordination des eigenen Körpers unter der Berücksichtigung des Pferdes. Besonders bei Reitanfängern ist dies anfänglich motorisch schwer zu verarbeiten. Trotz dieser Schwierigkeiten wollten beide Kinder immer wieder traben und hatten sichtlich Spaß daran. Auch die Gangart Galopp war für die Kinder immer wieder sehr aufregend und außergewöhnlich. Besonders Ismail bat mehrmals um Galoppeinheiten, welche an der Longe stattfanden. Dies wertete ich als Bestätigung meiner Beobachtungen, dass er Spaß an den Reiteinheiten hatte. Melis war anfänglich von dieser schnelleren Gangart verunsichert. Nach einiger Zeit fand sie auch Gefallen daran, da sie scheinbar bemerkte, dass sie sich auf das Pferd und mich verlassen konnte und in Sicherheit war. Nach jeder Reitstunde vertrauten die Kinder dem Pferd immer mehr, was sich durch die Art des Umgangs zu diesem beobachten ließ. Sie wollten immer öfter allein reiten oder das Pferd versorgen. Ebenso entwickelten die beiden Kinder großes Vertrauen in das Pferd und fühlten sich nach eigenen Aussagen „sehr sicher".

Sobald Ismail sich nicht mit dem Pferd beschäftigte oder eine pferdebezogene Aufgabe erledigen konnte, wurde er sehr unruhig und unbeherrscht. Er schoss auf dem Boden liegende Steine durch die Gegend, schlug mit Stöcken auf den Boden oder in großem Abstand vor oder hinter uns. Dieses Verhalten wirkte oftmals aggressiv und ungehalten. Melis zeigte während der Beschäftigung mit dem Pferd ebenfalls ein anderes Verhalten, als wenn sie sich nicht mit diesem befasste. Sie wurde oft nörgelig, unruhig und wollte die Aufmerksamkeit der Betreuerin oder mir. Ebenso beklagte sie sich, dass sie kürzer geritten sei als ihr Bruder und sie nun wieder an der Reihe wäre, obwohl sie soeben erst abgestiegen war. Dies könnten natürlich auch unter Geschwister oft stattfindende Rivalitäten und Eifersuchtsszenen sein, die nicht unbedingt von Bedeutsamkeit sind.

Ismails Aussage „Reiten macht mehr Spaß als Fußball" war (für mich) eine ausdrucksstarke und zugleich auch beeindruckende Äußerung. Zeigte er oftmals kein großes Interesse am Beisammensein mit anderen Beteiligten und der vorab beschriebenen Auseinandersetzungen vor Beginn der Reiteinheiten, so schienen ihm die Reitstunden doch sehr zuzusagen und zu gefallen.

5.3 Auswertung der Beobachtungen

Um die im letzten Abschnitt aufgeführten Beobachtungen in einen wissenschaftlichen Kontext einordnen und auswerten zu können, wird in diesem Teil der Arbeit zunächst die qualitative Inhaltsanalyse als eine Auswertungsmethode von erhobenen Daten nach Mayring vorgestellt. Anschließend erfolgt die Vorstellung der induktiven Kategorienbildung, welche für die weitere Analyse meiner Beobachtungen von Bedeutung ist.

5.3.1 Qualitative Inhaltsanalyse nach Mayring

Die qualitative Inhaltsanalyse nach Mayring (2000) befasst sich mit unterschiedlichen Verfahren zur systematischen Analyse und Auswertung von Texten. Dabei sollen Interpretationen von Texten nach den Regeln inhaltsanalytischer Kriterien begreifbar und überprüfbar gemacht werden, um zielgerichtet eine Reduzierung und Spezifizierung des komplexen Materials zu erreichen. Bei diesem Ansatz sollen die Vorteile quantitativer Verfahrensweisen wie sie in den Kommunikationswissenschaften entwickelt wurden, auf die qualitativ-interpretative Auswertung angewendet und weiterentwickelt werden. Ziel der qualitativen Inhaltsanalyse ist es, die fixierte Kommunikation (z.B. Gesprächsprotokolle, Dokumente, Texte) zu analysieren und anschließend Rückschlüsse daraus ziehen zu können. Um eine Reduzierung der wesentlichen Inhalte des reichlichen Materials zu schaffen, werden Kategoriesysteme gebildet. Bei der Entwicklung von Kategorien werden zunächst die für die Auswertung bedeutungsvollsten Kriterien festgelegt, um diese schließlich aus dem gesamten vorhandenen Material auszuwählen. Hierfür werden Ausschnitte aus einem Text nach bestimmten Eigenschaften geordnet und in Kategorien eingeteilt (vgl. Mayring 2000, S. 602).

Bei der Kategorienbildung wird zwischen der induktiven und der deduktiven Kategorieentwicklung unterschieden. Für meine Zwecke steht die induktive Kategorienentwicklung im Vordergrund. Bei der induktiven Methode werden die Kategorien aus dem schon vorhandenen Material gebildet, ohne die vorherige Nutzung weiterer Theoriekonzepte. Die Auswertung sollte nah am Material erfolgen. Dafür sollen das Material bzw. der Text auf seine Kernaussagen bzw. seine wesentlichen Inhalte eingegrenzt werden. Die inhaltsgleichen Aussagen oder jene, die einen Bezug zueinander haben, werden als eine Kategorie zusammengefasst. Wird das vorhandene Material auf diese Art zusammengefasst, entsteht ein Kategoriesystem mit verschiedenen Kategorien. Diese Eingrenzung führt zu einer übersichtlichen Darstellung der relevantesten Daten aus der Grundform des Materials. Nach der

Entwicklung der Kategorien sollten diese einer Reliabilitätsprüfung und einer Rückprüfung durch eine Wiederholung der Materialsichtung unterzogen werden (vgl. Mayring 2000, S. 604 f.).

Im nächsten Abschnitt des Kapitels werden zunächst meine beobachteten Effekte und Wirkungsweisen des Reitens mit den geflüchteten Kindern dargestellt. Darauf folgt der Versuch einer Kategorienbildung nach Mayring anhand des vorliegenden Materials.

5.4 Beobachtete Effekte und Wirkungsweisen

Da die Wirksamkeit und Effekte tiergestützter Therapien noch nicht ausreichend wissenschaftlich erforscht wurden, gibt es nur wenige Studien und wissenschaftliche Arbeiten zu pferdegestützten Therapieformen. Die im ersten Kapitel dargestellten Effekte und Wirkungsweisen geben einen ersten Eindruck, was pferdegestützte Interventionen leisten und erreichen können. Um nun Schlüsse zwischen meinen gesammelten Erfahrungen und Beobachtungen, sowie den aus der Theorie hervorgehobenen Wirkungsweisen zu ziehen, werden in diesem Teil der Arbeit Gemeinsamkeiten dieser beiden dargestellt. Hinsichtlich der Forschungsfrage, welche Stimmungen und Emotionen beim Reiten, bzw. dem Umgang mit dem Pferd bei geflüchteten minderjährigen Kinder ausgelöst werden, werden meine Beobachtungen und die aufgegriffene Literatur miteinander verglichen.

Übereinstimmungen lassen sich in den Teilbereichen der Psyche, der Wahrnehmung, der Physis und in den emotional-sozialen Bereichen beobachten. Dem Teilbereich der Psyche wurde auch schon vorab ein höherer Stellenwert in dieser Arbeit zugesprochen. Auch in diesem Kapitel werden Beobachtungen und mit der Reittherapie einhergehende positive Effekte zu diesem spezieller betrachtet, als bei den anderen drei Teilbereichen. Auf diese wird in diesem Teil nur kurz eingegangen. Wie bereits erwähnt, fungiert das Pferd im Therapiesetting als Co-Therapeut und weder ich selbst, noch die Reiteinheiten zielten auf eine (Psycho)Therapie ab.

Zum Teilbereich der Psyche ist anzuführen, dass die besondere Beziehung zwischen Mensch und Pferd, welche in der Literatur von Förster erläutert wurde, sich auch auf meine Beobachtungen übertragen lässt. Die motivierenden und auffordernden Charaktereigenschaften des Pferdes haben auch bei Ismail ihre Wirkung gezeigt und ihn positiv beeinflusst. Das Sammeln positiver Erlebnisse und Emotionen steht beim Reiter, als auch bei reittherapeutischen Interventionen an oberster

Stelle. Diese können zum Teil positiv, als auch negativ (von Angst) geprägt sein. Bei den beiden Kindern lassen sich zum einen die positiven Gefühle wie Zufriedenheit und Freude feststellen, zum anderen aber auch der durch Respekt geprägte Umgang mit dem Pferd beim Auskratzen der Hufe.

Die beruhigende Wirkung im Umgang mit dem Pferd wird schon in der Literatur mehrfach hervorgehoben und betont. Mir ist diese bei den Kindern ebenfalls aufgefallen und besonders im Gedächtnis geblieben. Auch die ländliche Umgebung, in der das Reiten stattfand, konnte entspannend auf die Kinder wirken und ihnen das von Breitenbach beschriebene Gefühl der Normalität vermitteln. Bezüglich der in der Literatur aufkommenden positiven Verbesserung des Selbstwertgefühls durch therapeutisches Reiten, lassen sich meinerseits nur Vermutungen aufstellen und auf Nachfrage bei den Kindern bestätigen. Der Umgang mit dem Pferd kann wie dargestellt, die Selbstwirksamkeit und auch das Selbstwertgefühl steigern. In der Praxis ließ sich beobachten, dass die Kinder durch ihr selbstständiges Tun und Handeln positiv bestärkt wurden. Sie haben selbst feststellen können, dass sie durch ihr Handeln etwas am Pferd bewirken, wie z.B. dieses zu Putzen und auch beim Satteln zu helfen. Diese Aufgaben förderten zusätzlich die Selbstständigkeit der Kinder. Auch durch das Führen und damit einhergehende Hören und Gehorchen des Pferdes aufgrund der Einwirkung der Kinder, konnte das Selbstwertgefühl der beiden Geschwister gesteigert werden. Sie waren oft stolz auf ihre erbrachten Leistungen, was sie durch offenes Kommunizieren kundtaten. Neben diesen positiven Effekten kann auch eine psychische Stabilisierung allein durch die Anwesenheit des Pferdes bei den Klienten erfolgen. Durch den wertungsfreien Umgang des Pferdes mit dem Menschen, akzeptiert dieses ihn so wie er ist und beurteilt ihn nicht. Ferner gaben ihnen das Pferd, als auch die Betreuerin und ich ihnen positives Feedback und ermutigten sie, weiter zu machen. Auch das Reiten in den unterschiedlichen Gangarten hatte verschiedene Wirkungsweisen auf die Kinder. Wird in der Literatur beim Traben von der Aktivierung des Gleichgewichtssinnes und der Eigenempfindung des Klienten gesprochen, so lässt sich dies auch durch die Äußerungen der Kinder bestätigen (Melis nannte dies „durchgeschüttelt").

Im Bereich der Wahrnehmung lassen sich bei den mir bekannten beiden Kindern ebenso positive Veränderungen und Effekte beschreiben. Beide haben Vertrauen zum eingesetzten Pferd aufbauen können. Weitergehend konnten sie auch Vertrauen in sich selbst und in ihre Fähigkeiten entwickeln. Je häufiger sie mit dem Pferd umgingen und auf ihm ritten, desto mehr trauten sich beide zu und vertrauten dem Pferd (und auch mir) unentwegt. Neben diesem neu gewonnenen

Vertrauen haben sie auch gelernt, Verantwortung für dieses zu übernehmen. Verantwortung übernahmen sie auch teilweise jeweils für den Anderen. Wenn ein Kind ritt, das Pferd aber nicht auf die (zögerlichen) Ansagen von diesem hörte, half das andere Kind mit. Zu Beginn der Reiteinheiten führten die Kinder sich oft gegenseitig auf dem Pferd und konnten ein verantwortungsvolles Handeln erproben. Gegenüber der Verantwortung, welche die Kinder selbst übernahmen, stand die Abgabe der Verantwortung, wenn sie auf diesem ritten und sich von ihm tragen ließen.

Wie schon im Unterkapitel 2.4.3 beschrieben, lassen sich im Bereich der Physis bei Kindern mit traumatischen Erlebnissen nur geringe Veränderungen feststellen. Bei Ismail konnte eine Verbesserung der koordinativen Fähigkeiten speziell im Bereich der Rhythmusfähigkeit verzeichnet werden. Nach einigen Wochen konnte er in der Gangart Trab das sogenannte Leichttraben, mit Festhalten am Sattel umsetzen. Beide Kinder konnten ihre Gleichgewichtsfähigkeit verbessern und im Trab auch einhändig reiten. Weitere Verbesserungen im Bereich der koordinativen Fähigkeiten lassen sich nicht festhalten, da sie auch nicht speziell geschult oder beobachtet wurden.

Weitergehend lassen sich auch in den sozial-emotionalen Bereichen der beiden Kinder Wirkungsweisen durch das Reiten zusammentragen, welche auch mit der Literatur übereinstimmen. „Sich gemeinsam mit einem Pferd zu bewegen erfordert die Fähigkeit, sich abzustimmen und aufeinander einzugehen." (Hediger & Zink 2017, S. 52). In diesem Zuge lernten die Kinder Rücksichtnahme zu anderen Lebewesen, was später auch auf andere Menschen übertragen werden kann. Durch die Auseinandersetzung mit dem Pferd konnten die Kinder sich bestätigt und akzeptiert fühlen, was sich nach Förster positiv auf das emotionale Befinden auswirken kann. Auch das allgemeine Sozialverhalten der Kinder kann sich durch die Anwesenheit eines Pferdes verbessern. Dieser positive Effekt hat sich bei den mir bekannten Kindern nur gering gezeigt, bzw. konnte ich diesen nicht allgemein feststellen.

Es zeigt sich, dass durch die stattgefundenen Reiteinheiten in allen Teilbereichen Verbesserungen und positive Effekte bei den Kindern eintraten. Auch wenn diese Reiteinheiten nicht die Definition „therapeutisches Reiten" tragen können, lassen sich diese als Möglichkeit der Erfahrung positiver Stimmungen und Emotionen der vorgestellten Kinder zusammenfassen.

5.5 Auswertung der Beobachtungen

Auf Grundlage meiner Beobachtungen erfolgt in diesem Teil die Auswertung dieser Beobachtungen anhand des zuvor vorgestellten Kategorisierungsversuchs nach Mayring (2000). Die Kategorien habe ich nach dem induktiven Verfahren ausgearbeitet, d.h. aus dem schon vorhandenen Material heraus entwickelt.

5.5.1 Kategorisierungsversuch nach Mayring

Nach Aufarbeitung des vorhandenen Materials haben sich vier Hauptkategorien und einige Unterkategorien gebildet. Die unterschiedliche Anzahl der Unterkategorien ist bedingt durch die gering feststellbaren Einflüsse in den einzelnen Bereichen. Nach dem Einsatz des Pferdes im Reitsetting haben sich folgende Auswirkungen bei den vorgestellten Kindern gezeigt:

Kategorie:
Verbesserungen im Bereich der Psyche
• Sammeln positiver Erlebnisse und Emotionen
• Motivationsförderung
• Beruhigende Wirkung
• Steigerung der Selbstwirksamkeit
• Steigerung des Selbstwertgefühls
• Aktivierung
Verbesserungen im Bereich der Wahrnehmung
• Aufbau von Vertrauen
• Übernahme von Verantwortung
Verbesserungen im Bereich der Physis
• Verbesserung der Koordination (Rhythmusfähigkeit)
Verbesserungen im sozial-emotionalen Bereich
• Rücksichtnahme und Abstimmung mit Anderen
• Akzeptanz und Bestätigung

5.5.2 Abbildung der Stimmungslagen

In diesem Teil werden nun auf Grundlage von Brehm (1997) und Mayring (2000) die Stimmungen und Emotionen der Kinder auf die herausgearbeiteten Kategorien übertragen.

Kategorie:	Beobachtete Stimmung / Emotion:	
Verbesserungen im Bereich der Psyche • Sammeln positiver Erlebnisse und Emotionen • Motivationsförderung • Beruhigende Wirkung • Steigerung der Selbstwirksamkeit • Steigerung des Selbstwertgefühls • Aktivierung	Vor dem Reiten: • lustlos • gereizt • ablehnend • ungehalten • unruhig	Nach dem Reiten: • motiviert • zufrieden • fröhlich • begeistert • beruhigt • stolz • neugierig
Verbesserungen im Bereich der Wahrnehmung • Aufbau von Vertrauen • Übernahme von Verantwortung	• (manchmal) unsicher • zögerlich	• sicher • vertraut • mutig
Verbesserungen im Bereich der Physis • Verbesserung der Koordination (Rhythmusfähigkeit)	• Nicht an einer Stimmung abzulesen	•
Verbesserungen im sozial-emotionalen Bereich • Rücksichtnahme und Abstimmung mit Anderen • Akzeptanz und Bestätigung	• unachtsam	• achtsam • ermutigt • akzeptiert

6 Fazit und Ausblick

Die vorliegende Bachelorarbeit befasst sich mit dem Einfluss und der Wirksamkeit pferdegestützter Interventionen bei geflüchteten minderjährigen Kindern, welche in Verbindung mit ihrer Flucht wahrscheinlich traumatischen Erlebnissen ausgesetzt waren. Im Vordergrund stand die Annahme, dass Reiten bzw. therapeutisches Reiten positive Effekte mit sich bringt und die Kinder positiv beeinflusst. Ferner sollten positive Wirkungsweisen, welche sich gemäß der ganzheitlichen Therapie des therapeutischen Reitens auf den Menschen auswirken, am Beispiel einer von mir durchgeführten pferdegestützten Intervention, dargestellt werden. Die Ergebnisse zeigen, dass bei den vorgestellten Kindern eine Verbesserung ihrer Stimmung und emotionalen Verfassung durch die Reitinterventionen ausgelöst wurden. Einhergehend traten Verbesserungen in den verschiedenen Teilbereichen (Psyche, Wahrnehmung, Physis, sozial-emotionaler Bereich) ein. Diese wohltuenden Effekte und Wirkungen lassen sich anhand des von mir entwickelten Schemas festhalten und aufzeigen.

Da bei keinem der vorgestellten Kinder ein Trauma diagnostiziert war, sondern auf Grundlage der Darstellung traumatischer Erlebnisse bei Geflüchteten und der Fluchtgeschichte der Kinder dieses lediglich vermutet wird, bleibt die Frage nach der Wirksamkeit der Behandlung eines Traumas durch eine Reittherapie ungeklärt. Deutlich werden aber die wohltuenden Eigenschaften und Grundlagen, welche das Pferd mit sich bringt und es für die Arbeit im therapeutischen Kontext prädestiniert.

Schon mit Beginn der Literatursuche und Recherche für diese Arbeit zeigte sich deutlich, dass die wissenschaftliche Forschung zu diesem speziellen Thema noch nicht weit fortgeschritten und ausgereift ist. Zwar gibt es Studien und Forschungen zur Wirksamkeit von Reittherapien bei traumatisierten Kindern und Jugendlichen, oder auch Kindern mit ADHS oder eine Störung des Sozialverhaltens, allerdings finden sich noch keine wissenschaftlichen Arbeiten zur Wirkung von Reitinterventionen bei geflüchteten Kindern (mit traumatischen Erlebnissen). Es empfiehlt sich daher, zu diesem Bereich weitere Forschungen zu betreiben, denn Reiten und der Umgang mit dem Pferd – ob im therapeutischen Kontext oder nicht – hat erwiesenermaßen positiven Einfluss auf den Menschen. Ausblickend wäre es in einer weiterführenden Arbeit interessant zu überprüfen, ob die positiven Effekte bei den Kindern im Rahmen der Reitintervention nachhaltig und für ihre weitere Entwicklung von Bedeutung sind.

Literaturverzeichnis

Baldeo, C., Schlichtmeier, V. (2010). Reittherapie für Flüchtlingskinder. In: *Mensch und Pferd international.* (S. 52-62).

Brandenberger, G. (2016). Therapeutisches Reiten in der Jugendpsychiatrie. In: M. Gäng (Hrsg.) *Therapeutisches Reiten.* (S. 84-93). München: Ernst Reinhardt Verlag.

Brehm, W. (1997). Emotionen von Spiel- und Individualsportlern in Training und Wettkampf. In: *Psychologie und Sport.* (4/1997). S. 53-66.

Breitenbach E., Gomolla, A., Machul, D., Rathgeber, A. (2015). Pferdegestützte Intervention bei Kindern mit ADHS. In: *Mensch & Pferd international.* (S. 96-108)

Debuse, D. (2015). *Hippotherapie – Grundlagen und Praxis.* München: Ernst Reinhardt Verlag.

Dehner-Rau, C., Reddemann, L. (2004). *Trauma – Folgen erkennen, überwinden und an ihnen wachsen.* Stuttgart: Trias Verlag.

Dilling, H., Mombour, W., Schmidt, M.H., Schulte-Markwort, E. (Hrsg). (2011). *Internationale Klassifikation psychischer Störungen. ICD- 10.* In: Klinisch-diagnostische Leitlinien. Bern: Huber.

Ettrich, C., Ettrich, K. (2007). *Verhaltensauffällige Kinder und Jugendliche.* Heidelberg: Springer Verlag.

Förster, A. (2005). *Tiere als Therapie – Mythos oder Wahrheit?* Stuttgart: Ibidem-Verlag.

Gäng, M. (2004). Heilpädagogisches Reiten. In: M. Gäng (Hrsg.). *Heilpädagogisches Reiten und Voltigieren.* (S. 12- 104). München: Ernst Reinhardt Verlag.

Hediger, K., Zink, R. (2017). *Pferdegestützte Traumatherapie.* München: Ernst Reinhardt Verlag.

Huber, M. (2009). *Trauma und die Folgen.* Paderborn: Junfermann Verlag.

Huber, M. (2003). *Wege der Traumabehandlung: Trauma und Traumabehandlung.* Paderborn: Junfermann Verlag.

Izat, Y., Kirsch V. (2013). Reaktionen auf schwere Belastungen. In: J. M. Fegert & M. Kölch (Hrsg.), *Klinikmanual Kinder- und Jugendpsychiatrie und -pycho-therapie.* Berlin, Heidelberg: Springer Medizin.

Kiewit, E. (2009). Ein Pferd in der Turnhalle? Pro und contra einer Integration von Reiten in den Schulsport. In: U. Lindemann (Hrsg.), *Betrifft Sport.* (5/2009). S. 10-13.

Krause-Straky, U. (2016). Traumatherapie in der Reittherapie mit Kindern und Jugendlichen: Geht das überhaupt? *Therapeutisches Reiten, 1*, S. 22-29.

Kröger, A. (2005). Heilpädagogisches Voltigieren. In: M. Gäng (Hrsg.). *Heilpäda-gogisches Reiten und Voltigieren.* München: Ernst Reinhardt Verlag.

Kunz, G., Schneider-Schunker, E. (2016). Der Einsatz des Pferdes in der Arbeit mit traumatisierten Menschen. In: M. Gäng (Hrsg.) *Therapeutisches Reiten.* München: Ernst Reinhardt Verlag.

Mayring, P. (2000). Qualitative Inhaltsanalyse. In: Mey, G., Mruck, K. (Hrsg.) *Handbuch Qualitative Forschung in der Psychologie.* VS Verlag für Sozial-wissenschaften. S. 601-613.

Scharfetter, K. (2008). Vom Zügel-in-die-Hand-Nehmen und Getragenwerden. Psychosomatische Rollenerfahrung in der psychodramatischen Reitthera-pie. In: *Zeitschrift für Psychodrama und Soziometrie, 7*, S. 114-123.

Strauß, I. (2008). *Hippotherapie. Physiotherapie mit und auf dem Pferd.* Stutt-gart: Thieme Verlag KG.

Streeck-Fischer, A. (2006). *Trauma und Entwicklung.* Stuttgart/ New York: Schattauer.

Träm, B. (2018). *Weiterbildung. Qualitätssicherung im therapeutischen Reiten.* Deutsches Kuratorium für therapeutisches Reiten. Flyer.

Vogel, H. (1987). *Das Pferd als Partner des Behinderten: Integration und Rehabi-litation durch Reiten.* Zürich: Albert Müller Verlag. S. 27

Winkler, N., Beelmann, A. (2013). Der Einfluss pferdegestützter Therapie auf psychische Parameter. In: *Mensch & Pferd international.* (S. 5-16).

World Health Organisation (2001). *International classification of functioning, disability and health (ICF).* Genf.

Internetquellen:

Deutsches Kuratorium für therapeutisches Reiten e.V. (2018). *Durchführungs-bestimmungen in den vier Fachbereichen des therapeutischen Reitens.* Zugriff am 10. Juni 2018 unter: https://www.dkthr.de/fileadmin/redak-tion/downloads/Durchfuehrungsbestimmungen_in_den_vier_Fachberei-chen_des_Therapeutischen_Reitens_Stand_08.02.2018.pdf

Deutsches Kuratorium für therapeutisches Reiten (1) (o.J.). *Ergotherapeutische Behandlung.* Zugriff am 08. Juni 2018 unter: https://www.dkthr.de/de/therapeutisches-reiten/ergotherapeutische-behandlung/

Deutsches Kuratorium für therapeutisches Reiten (2) (o.J.). *Heilpädagogische Förderung mit dem Pferd.* Zugriff am 06. Juni 2018 unter: https://www.dkthr.de/de/therapeutisches-reiten/heilpaedagogische-fo-erderung/

Deutsches Kuratorium für therapeutisches Reiten (3) (o.J.). *Hippotherapie.* Zugriff am 08. Juni 2018 unter: https://www.dkthr.de/de/therapeutisches-reiten/hippotherapie/

Deutsches Kuratorium für therapeutisches Reiten (4) (o.J.). *Reitsport für Menschen mit Behinderungen.* Zugriff am 08. Juni 2018 unter: https://www.dkthr.de/de/therapeutisches-reiten/reitsport-fuer-men-schen-mit-behinderungen/

Kaya, S. (2018). *Flüchtlinge und Sport.* Landessportbund Nordrhein-Westfalen. Zugriff am 29. Juli 2018 unter: https://www.lsb.nrw/unsere-themen/in-tegration-inklusion-und-fluechtlinge-im-sport/fluechtlinge-sport/

Kube, S. (o. J.). *Pferde für Körper, Geist und Seele – Faszination Therapeutisches Reiten.* Deutsches Kuratorium für therapeutisches Reiten. Zugriff am 28. Mai 2018 unter: https://www.dkthr.de/de/therapeutisches-reiten/

Lewek, M. & Naber, A. (2017). *Kindheit im Wartezustand: Studie zur Situation von Kindern und Jugendlichen in Flüchtlingsunterkünften in Deutschland.* Zugriff am 14. Juli 2018 unter: https://www.unicef.de/blob/137024/ecc6a2cfed1abe041d261b489d2ae6cf/kindheit-im-wartezustand-unicef-fluechtlingskinderstudie-2017-data.pdf

Schlegel, B. (o. J.) *Flüchtlingskinder.* UNO-Flüchtlingshilfe e.V. Zugriff am 20. Juni 2018 unter: https://www.uno-fluechtlingshilfe.de/fluechtlinge/fluecht-lingsschutz/fluechtlingskinder/

UNICEF- Lagebericht (2016). *Zur Situation der Flüchtlingskinder in Deutschland.* In Auftrag gegeben beim Bundesfachverband: Unbegleitete minderjährige Flüchtlinge e.V. Zugriff am: 8. Juli 2018 unter: https://www.unicef.de/blob/115186/de54a5d3a8b6ea03337b489816ee aa08/zur-situation-der-fluechtlingskinder-in-deutschland-data.pdf

Unicef (1) (2017). *Zahl der unbegleiteten minderjährigen Flüchtlinge und Migranten hat sich seit 2010 verfünffacht.* Zugriff am 2. Juli 2018 unter: https://www.unicef.de/informieren/aktuelles/presse/2017/zahl-min-derjaehriger-fluechtlinge-steigt/141102

Unicef (2) (2017). *Kindheit im Wartezustand.* Zugriff am 18. Juli 2018 unter: https://www.unicef.de/blob/137024/ecc6a2cfed1abe041d261b489d2ae 6cf/kindheit-im-wartezustand-unicef-fluechtlingskinderstudie-2017-data.pdf

UNICEF Embargo (2017). *Ein Kind ist ein Kind: UNICEF-Bericht zu den Risiken, denen Kinder während der Flucht und Migration ausgesetzt sind – Zusammenfassung zentraler Ergebnisse.* Zugriff am 18. Juli 2018 unter:

https://www.unicef.de/blob/141424/d195eec67bb43935d5d19e72f1b671ed /zusammenfassung-des-unicef-berichts--ein-kind-ist-ein-kind-data.pdf

UNO-Flüchtlingshilfe (1) (2018). *Besonders verletzlich: Unbegleitete minderjährige Flüchtlinge.* Zugriff am 13. Juli 2018 unter: https://www.uno-fluecht-lingshilfe.de/fluechtlinge/fluechtlingsschutz/fluechtlingskinder/umf/

UNO-Flüchtlingshilfe (2) (2018). *Flüchtlinge weltweit: Zahlen & Fakten.* Zugriff am 13. Juli 2018 unter: https://www.uno-fluechtlingshilfe.de/fluecht-linge/zahlen-fakten